Herz des Tanzes – Tanz des Herzens

Formen, Motive und Wirkungen
- vom Walzer bis zum Trance-Tanz

Bücher von Harry Eilenstein:

- Astrologie (496 S.)
- Photo-Astrologie (428 S.)
- Horoskop und Seele (120 S.)
- Tarot (104 S.)
- Handbuch für Zauberlehrlinge (408 S.)
- Physik und Magie (184 S.)
- Der Lebenskraftkörper (230 S.)
- Die Chakren (100 S.)
- Das Chakren-System mit den Nebenchakren (296 S.)
- Meditation (140 S.)
- Reinkarnation (156 S.)
- Drachenfeuer (124 S.)
- Krafttiere – Tiergöttinnen – Tiertänze (112 S.)
- Schwitzhütten (524 S.)
- Totempfähle (440 S.)
- Muttergöttin und Schamanen (168 S.)
- Göbekli Tepe (472 S.)
- Hathor und Re 1: Götter und Mythen im Alten Ägypten (432 S.)
- Hathor und Re 2: Die altägyptische Religion – Ursprünge, Kult und Magie (396 S.)
- Isis (508 S.)
- Die Entwicklung der indogermanischen Religionen (700 S.)
- Wurzeln und Zweige der indogermanischen Religion (224 S.)
- Der Kessel von Gundestrup (220 S.)
- Der Chiemsee-Kessel (76)
- Cernunnos (690 S.)
- Christus (60 S.)
- Odin (300 S.)
- Die Götter der Germanen (Band 1 – 80)
- Dakini (80 S.)
- Kursus der praktischen Kabbala (150 S.)
- Eltern der Erde (450 S.)
- Blüten des Lebensbaumes 1: Die Struktur des kabbalistischen Lebensbaumes (370 S.)
- Blüten des Lebensbaumes 2: Der kabbalistische Lebensbaum als Forschungshilfsmittel (580 S.)
- Blüten des Lebensbaumes 3: Der kabbalistische Lebensbaum als spirituelle Landkarte (520 S.)
- Über die Freude (100 S.)
- Das Geheimnis des inneren Friedens (252 S.)
- Von innerer Fülle zu äußerem Gedeihen (52 S.)
- Das Beziehungsmandala (52 S.)
- Die Symbolik der Krankheiten (76 S.)
- Herz des Tanzes – Tanz des Herzens (S.)
- König Athelstan (104 S.)

Kontakt: www.HarryEilenstein.de / Harry.Eilenstein@web.de

Impressum: Copyright: 2011 by Harry Eilenstein – Alle Rechte, insbesondere auch das der Übersetzung, vorbehalten. Kein Teil des Buches darf ohne schriftliche Genehmigung des Autors und des Verlages (nicht als Fotokopie, Mikrofilm, auf elektronischen Datenträgern oder im Internet) reproduziert, übersetzt, gespeichert oder verbreitet werden.

Herstellung und Verlag: BoD - Books on Demand, Norderstedt   **ISBN:** 9783746059303

Inhaltsverzeichnis

I Was ist Tanz?

Worte können die Form eines Tanzes beschreiben, aber zur Beschreibung des Erlebnis des Tanzens sind sie nur sehr begrenzt geeignet. Man kann untersuchen, wer tanzt, wie getanzt wird, wann und wo getanzt wird, wie das historisch eingeordnet werden kann – aber um zu wissen, was Tanz ist, muß man selber tanzen und den Tanz erleben …

Wenn man nach Definitionen dafür sucht, was ein Tanz ist, stößt man schnell an Grenzen, wenn man ihn nur formal zu beschreiben versucht:

Ist er eine zweckfreie Bewegung? – Nein, die Tanzenden haben durchaus Ziele …

Ist er eine rhythmische Bewegung? – Es gibt auch nicht-rhythmische Tänze und rhythmische Arbeiten …

Ist er Bewegung zu Musik? – Es gibt auch Tanz ohne Musik und Arbeiten zu Musik …

Ist er gemeinschaftliche Bewegung? – Es gibt auch Solo-Tänze und gemeinschaftliches Arbeiten …

Ist er Bewegung an einem besonderen Ort? – Spontane Tänze sind an jedem Ort möglich und es gibt auch Arbeiten an besonderen Orten …

Diese fünf Fragen und ihre Antworten (von denen es noch viele mehr gibt) zeigen, daß Tanz eine Bewegung ist und daß er daher in einem Bezug zu anderen Bewegungen wie Arbeit, Sport, Kampf und Sex steht. Oder astrologisch gesagt: Tanz ist eine von mehreren verschiedenen Mars-Tätigkeiten.

Worin unterscheidet sich nun der Tanz von der Arbeit? Bei der Arbeit macht man Bewegungen, die eine physische Änderung in der eigenen Umgebung zum Ziel haben. Beim Tanz gibt es keine „physische Veränderung", die angestrebt wird – aber es gibt eine emotionale Änderung, die angestrebt wird.

Man kann auch sagen, daß sich Arbeit auf den physischen Bereich bezieht, während sich Tanz auf den Bereich der Lebenskraft bezieht.

Auch der Kampf bezieht sich auf eine physische Änderung – wobei die Änderung hier nicht wie bei der Arbeit in den Dingen, die einen umgeben, angestrebt wird, sondern eine Änderung bei einem Gegner das Ziel ist.

Der Sport ist eine Form des ritualisierten Kampfes, bei dem Schädigungen des Gegners vermieden werden. Man kann den Sport auch als Steigerung der Leistungsfähigkeit des Körpers ansehen, wobei diese Steigerung häufig wie z.B. in einem Wettkampf gleichzeitig mit der Tätigkeit an der Leistung der anderen gemessen wird (Wettlauf, Fußball, Boxen). Man kann diese Steigerung auch an den eigenen bisherigen Leistungen messen (Training) oder an einem erstrebten Ziel (Fitness).

Beim Sex gibt es eine Mischung aus einem physischem Ziel (Fortpflanzung) und einem angestrebten Lebenskraft-Erlebnis (Orgasmus).

In der Astrologie sind Tanz, Arbeit, Sport, Kampf und Sexualität zusammen mit Lachen, Weinen, Wut und noch einigen anderen Gefühlsäußerungen verschiedene Aspekte des Planeten Mars.

Da Tanz, Arbeit, Sport, Kampf und Sexualität miteinander verwandt sind (sie sind alle „Bewegungs-Künste"), gibt es auch Mischformen des Tanzes mit der Arbeit, mit dem Sport, mit dem Kampf und mit der Sexualität: rhythmische und von Gesang begleitete Arbeit, Tanz-Sport, Kampf- und Kriegs-Tänze sowie erotische Tänze.

Das Wesentliche des Tanzes ist jedoch, daß er auf die Lebenskraft ausgerichtet ist und deren Zustände und Veränderungen zum Thema hat. Die Bewegungen des Tanzes erschaffen bestimmte Stimmungen, drücken Gefühle aus, verändern das Lebensgefühl, gestalten das Verhältnis zu einem anderen Menschen, schaffen in einer Gruppe ein Gemeinschaftsgefühl usw. – der Tänzer bewegt die Lebenskraft und läßt sich von ihr bewegen.

Der Tanz ist eine äußere Bewegung, die sich jedoch auf innere Zustände und Bestrebungen bezieht und diese im Außen sichtbar macht und durch diese Bewegungen z.T. auch äußere Veränderungen erschafft und erreicht – wie z.B. bei erotischen Tänzen oder bei Kriegstänzen.

Aus dieser einfachen Betrachtung ergibt sich, daß ein Tanz dann lebendig ist, wenn er von innen her entsteht und wenn die Tanz-Bewegungen daher der passende Ausdruck für etwas sind, was im Inneren des betreffenden Menschen nach Ausdruck und nach Erfüllung sucht.

Das, was sich da im Inneren des Menschen regt und sich in Bewegung ausdrücken will, ist das Herz des Tanzes.

II   Elemente des Tanzes

Es gibt zwar eine kaum überschaubare Vielfalt von Tänzen, aber nur eine begrenzte Anzahl von Form-Elementen des Tanzes, sodaß es doch in übersichtlicher Weise möglich ist, die möglichen Formen des Tanzes zu beschreiben.

Eine solche Beschreibung des Tanzes bezieht sich nur zu einem kleinen Teil auf das Herz des Tanzes und stellt hauptsächlich die Bewegungen des Tanzes dar. Zu einem kleinen Teil können auch die „Strahlen des Herzens des Tanzes" dargestellt werden, also die Hilfsmittel, durch die der Impuls im Herzen zu einem Tanz werden kann.

II 1.   Der Same des Tanzes

Diese „Same des Tanzes" ist die Motivation, der Wille, die Absicht, das Bedürfnis, das einen Menschen dazu bewegt, alleine, zu zweit oder in einer Gruppe zu tanzen – oder sich den Tanz von anderen Menschen anzusehen.

II 1. a)   Die Motivation

Die Motivation, die jemanden zu tanzen veranlaßt, kann vielfältig sein: der Wunsch sich selber zu spüren, Romantik, Freude sich in Gemeinschaft zu bewegen, der Wunsch andere Menschen kennenzulernen, Aggression oder Frust abbauen, Darstellung eines Themas, Selbstdarstellung, Erotik, Konzentrationsübung, den Alltag vergessen wollen, Heilung, Selbstheilung, Selbsterkenntnis, Gefühlsausdruck, das Feiern eines Festes, ein Ritual …

Die Vielfalt der möglichen Motivationen ist fast unbegrenzt.

II 1. b)   Das Thema des Tanzes

Das Thema des Tanzes, also das, worauf sich die Motivation bezieht, kann ein Gefühl sein, eine Stimmung, ein Lied, allgemein ein Musikstück, ein Gedicht, eine -, ein Schauspiel, das Thema eines Festes, eine bestimmte Aufgabe in einem Ritual, eine Heilung, Selbstausdruck, das Leben des Augenblicks …

Auch die Vielfalt der Themen ist fast unbegrenzt.

II 2.   Die Situation, in der getanzt wird

Die Situation, in der getanzt wird, ergibt sich aus der Motivation, aus der heraus jemand tanzt und teilweise auch aus dem Thema des Tanzes.

II 2. a)   Der Kontext des Tanzes

Jeder Tanz steht in einem Kontext: das Ballett auf der Theaterbühne, die Eurythmie-Aufführung in der Waldorfschule, der Freistil-Tanz in der Disco, der Flamenco auf dem Dorfplatz, das Singen und die rhythmische und daher teilweise auch tänzerische Bewegung beim Hirsestampfen, der Volkstanz in der Festhalle, der Tanz im Rahmen eines Jahreszeitenfestes in der Natur, der Bauchtanz auf einem Geburtstag usw.

Zu einem Tanz gehört immer ein Ort, eine Zeit, möglicherweise andere Menschen und evtl. auch ein kulturell-religiöser Rahmen.

Neben diesen eher allgemeinen Umständen, in denen der Tanz stattfindet, gibt es auch ganz individuelle Umstände wie z.B. Tänze bei der Aufnahme in den Kreis der Erwachsenen, Regentänze, Sonnentänze und ähnliches, die sich entweder auf einen bestimmten Zeitpunkt in der Biographie eines Menschen beziehen (Hochzeitstanz, Totentanz u.ä.) oder auf eine bestimmte Situation in der Gemeinschaft (Trockenheit, bevorstehender Krieg u.ä.).

II 2. b)   Der Rahmen des Tanzes

Zu diesem Rahmen des Tanzes gehören außer dem Ort, der Zeit, eventuellen anderen Menschen und dem kulturell-religiösen Hintergrund unter Umständen auch eine bestimmte Kleidung und bestimmter Schmuck, evtl. auch Masken, ein geschminktes Gesicht und ähnliches mehr.

Manche Tänze erfordern auch eine längere Vorbereitung, Einladungen, Absprachen und allerlei Organisation, während andere Tänze einfach spontan begonnen werden können.

II 2. c)   Der Umraum des Tanzes

Aus der Motivation und dem Thema ergibt sich die Situation, in der jemand tanzt: das eigene Wohnzimmer, der Dorfplatz, ein Schloß-Saal, die örtliche Disco, ein Rock-Konzert, ein Fest, eine Aufführung, eine religiöse oder spirituelle Zeremonie, die freie Natur …

Die üblichen Plätze sind grob gesagt der persönliche Wohnraum, die Natur, die Öffentlichkeit, für den Tanz geschaffene Plätze wie z.B. eine Bühne oder kulturelle und religiöse Orte. Letztlich kann man natürlich an jedem Ort tanzen.

Auch in Bezug auf die anwesenden Menschen können Tänze sehr verschieden sein: ein Tanz ganz für sich alleine, Tänze in einer vertrauten Gruppe, Tänze mit und ohne Zuschauer, ein Solo-Tanz oder ein Gruppen-Tanz auf einer Bühne, ein Tanz in einer anonymen tanzenden Menge von Menschen (Disco, Rock-Konzert) usw.

II 2. d)   Die Tanz-Begleitung

Manchmal steht der Tanz ganz für sich, aber in den allermeisten Fällen wird er von Musik begleitet – oft ist die auch die Musik selber der Anlaß für den Wunsch zu tanzen.

Neben dem Tanzen zu einem Musikstück gibt es auch den Tanz, der zu einem Text aufgeführt, der Teil eines Schauspiels ist oder der zu einem Ritual gehört.

Der Tanz, der von nichts anderem begleitet wird, sondern bei dem der Tänzer ganz alleine und ohne Begleitung tanzt, ist eher selten, aber er kommt durchaus vor.

Eine spezielle, archaische Form der Tanzbegleitung ist das Singen und Klatschen durch die Tänzer selber.

II 3.   Die Tänzer

Die Zusammenstellung der Menschen, die bei einem Tanz teilnehmen, kann sehr unterschiedlich sein.

II 3. a)   Die Anzahl der Tänzer

Es gibt an grundlegenden Formen das Solo, den Paartanz, gemeinschaftliche Paartänze (mehrere Paare tanzen in einer koordinierten Form), Gruppentänze, reine Männertänze, reine Frauentänze und schließlich noch die Kindertänze.

II 3. b)   Männer und Frauen

Viele Tänze werden gemeinsam von Männern und Frauen getanzt, wobei es in dem Tanz selber keinen Unterschied macht, ob jemand ein Mann oder eine Frau ist.

Bei den Paartänzen wird hingegen stets ein Mann mit einer Frau kombiniert und ebenso bei den gemeinschaftliche Paartänzen.

Bei den Männertänzen und bei den Frauentänzen nehmen nur Frauen oder nur Männer teil. Diese Tänze haben oft einen rituellen Ursprung.

II 3. c)   Das Alter der Tänzer

Bei den meisten Tänzen spielt das Alter keine wesentliche Rolle. Allerdings gibt es auch typische Kindertänze wie den Reigen und ab einem gewissen Alter wird man nicht mehr in jede Disco eingelassen.

Manche Tänze sind auch an einen bestimmten Punkt in der Biographie gebunden wie z.B. der Hochzeitstanz, Tänze bei der Aufnahme in den Kreis der Männer und ähnliche Tänze, die in der heutigen westlichen Kultur allerdings zum größten Teil verlorengegangen sind.

II 3. d)   Der Bezug der Tänzer zueinander

Wenn mehrere Tänzer gemeinsam tanzen bedeutet das nicht unbedingt, daß sie sich auch in ihrem Tanz aufeinander beziehen. In der Disco tanzen z.B. zunächst einmal die meisten Menschen für sich alleine, aber es bilden sich auch immer wieder einmal Paare oder kleine Gruppen, die sich dann nach einer Weile auch wieder auflösen.

Die festeste Bindung zwischen zwei Tänzern besteht zum einen beim Paartanz und zum anderen bei der Tanz-Aufführung.

Die Art des Bezuges zueinander beim Tanzen kann auch recht verschieden sein: der Marsch von Soldaten zu Marschmusik, die Aufführung einer Choreographie durch ein Ballett-Ensemble, die Flamenco-Tänzer auf einem Dorfplatz, lachende Kinder in einem Reigen, Männer bei einem Kriegstanz, ein Liebespaar bei einem Walzer …

II 3. e)   Die Ausrichtung der Tänzer

Die Ausrichtung der Tänzer kann ebenfalls sehr unterschiedlich sein. Bei dem Tanz alleine im eigenen Wohnzimmer ist man ganz bei sich selber, beim Eurythmie-Unterricht ist man bei sich und bei den anderen Eurythmisten und bei dem Lehrer, bei einer Aufführung ist man bei sich und bei den Mittänzern und bei dem Publikum, bei der Street-Performance ist man bei sich und sehr stark beim Publikum, und bei manchen Tänzen gibt es zudem ein Gespräch zwischen den Tänzern und den Trommlern, die den Tänzern durch kleine Änderungen im Rhythmus ankündigen, daß sie gleich einen anderes Motiv trommeln werden, zu dem eine andere Tanzbewegung gehört.

II 4.   Der Körper der Tänzer

Das, was tanzt, ist immer der Körper – aber selbst hier gibt es große Unterschiede zwischen den einzelnen Tänzen.

II 4. a)   Die Glieder des Körpers

Im Prinzip tanzt immer der ganze Körper, aber es gibt bei den einzelnen Tänzen trotzdem große Unterschiede, was die Wichtigkeit der einzelnen Glieder betrifft.

So gibt es einige Tänze wie die Kosaken-Tänze, bei denen man die Arme vor der Brust verschränkt, oder die Derwisch-Drehtänze, bei denen die Arme die ganze Zeit in derselben Haltung bleiben.

Tänze, bei denen man weitestgehend stillsteht und nur mit den Armen tanzt, gibt es hingegen außer in ganz individuellen, spontanen Tänzen fast gar nicht.

Die Hände werden in den meisten Tänzen kaum in ihrer vielfältigen Ausdrucksmöglichkeit ausgenutzt – eine Ausnahme bildet der indische Tanz, in dem eine Vielzahl von Mudras, d.h. Handhaltungen benutzt wird, die teilweise auch im Yoga verwendet werden.

Die Mimik des Gesichtes wird ebenfalls in kaum einem Tanz als Ausdrucksmittel mitverwendet – bei den Tänzen mit einer festen Choreographie ist der Regelfall entweder ein distanziertes und konzentriertes Gesicht oder ein beständiges Lächeln.

Es gibt auch die Möglichkeit, den Kopf in den Tanz miteinzubeziehen – so gibt es z.B. im indischen Tanz die sehr typische seitliche Hin- und Herbewegung des Kopfes, die im Alltag fast überhaupt nicht verwendet wird.

Die Füße haben bei den meisten Tänzen viel zu tun, da die meisten Tänze als Grundlage bestimmte Schritte im Raum haben. Allerdings wird auch die mögliche Vielfalt der Fuß-Haltungen und Fuß-Bewegungen kaum ausgeschöpft. Bei den bekannteren Tanzformen gibt es lediglich im klassischen Ballett, im indischen Tanz und auf ganz andere Weise auch im Stepptanz Ansätze dazu.

Schließlich gibt es noch die Haltung, die Spannung und die Bewegungen des Leibes, also von Hüften, Bauch, Brust und Schultern. Auch hier sind die meisten Tänze sehr zurückhaltend, aber es gibt auch solche wie z.B. das Capoeira, bei denen die Beweglichkeit und die Kraft des Leibes eine sehr große Rolle spielen.

Das Gefühl, das ein Tanz dem Tänzer vermittelt, hängt unter anderem auch davon ab, welche Körperteile er wirklich kreativ benutzt – so macht es z.B. einen sehr deutlichen Unterschiede im Tanzgefühl, wenn man Fingerbewegungen, Gesten, Mudras und ähnliches hinzunimmt.

II 4. b)   Die Grundhaltung beim Tanz

Viele Tänze haben eine Grundhaltung wie z.B. der schwingende Dreischritt beim Walzer oder das vornehme Schreiten bei einer Allemande in der Barockzeit. Der Unterschied zwischen dem schreitenden Tanzen und dem schwingenden Tanzen ist derselbe wie zwischen Sprechen und Singen.

Tänze im Liegen, Sitzen oder im Stehen sind ausgesprochen selten und entspringen in der Regel der individuellen Phantasie eines Tänzers.

Es gibt auch die Möglichkeit, nur mit einer sehr begrenzten Auswahl von Körperteilen zu tanzen – so sitzt man z.B. beim „Fingertanz" voreinander und bewegt nur die Arme und Finger, die dann einen „Paartanz" zu viert machen (beide haben zwei Arme und Hände).

II 4. c)   Die Bewegungs-Möglichkeiten

Im Prinzip können alle Bewegungsmöglichkeiten des Körpers in einen Tanz miteinbezogen werden, was jedoch so gut wie nie geschieht. So wird man sich auf der Erde wälzende Tänzer fast nur im Contact-Dance erleben. In vielen Tänzen kommen keine Sprünge vor. Andere Tänze kennen wiederum keine Drehungen. In wieder anderen Tänzen dürfen sich die Tänzer gegenseitig nur mit den Händen berühren.

Im jeder traditionellen Tanz-Form gibt es eine Einschränkung der verwendeten Bewegungen. Das bedeutet zum einen natürlich eben eine Einschränkung, aber zum anderen entsteht durch diese Begrenzung auf ein bestimmtes Repertoire auch ein markanter Charakter der einzelnen Tänze.

II 4. d)   Der Takt und der Rhythmus des Tanzes

Der Takt ist die zeitliche Ordnung in einer Bewegung, im Spielen eines Instrumentes oder im Vortragen eines Textes. Dabei gibt es eine feste Zeiteinheit, die wie das Ticken einer Uhr die gesamte Aufführung über bestehen bleibt. Diese Einheiten können verdoppelt, halbiert oder anders geteilt werden, aber sie bleiben die allgemeine Orientierung.

Hinzu kommt noch die Bildung von Gruppen von Zeiteinheiten – beim 3/4-Takt z.B. drei Einheiten und beim 4/4-Takt vier Einheiten. Von diesen Gruppen ist so gut wie immer die erste Einheit betont.

Es gibt Tänze, die eine freie Bewegung ohne Takt sind, aber diese Form des Tanzes ist recht selten. Dasselbe gilt für die Musik, in der es gelegentlich auch das taktfreie Lied gibt – insbesondere Kinder im Alter von ca. 2-4 Jahren singen oft in dieser Weise vor sich hin und erzählen dabei meistens das, was sie gerade tun. Das taktfreie Spiel auf einem oder mehreren Instrumenten ist aber gelegentlich auch in der heutigen Musik zu finden – z.B. in „Cluster One", dem ersten Stück auf der CD „The Division Bell" von Pink Floyd.

Meistens wird das taktfreie Spiel als Einleitung zu einem Hauptteil mit Takt benutzt – sowohl in der Musik als auch im Tanz. Dieser erste Teil hat dann oft den Charakter eines Umhergehens, Schauens und Suchens, aus dem heraus man dann zu einem Entschluß kommt und mit einem Takt beginnt.

Etwas Ähnliches findet sich auch in der Dichtung, wenn ein Prosatext in einen lyrischen Text mit einem Versmaß übergeht oder in einem Gedicht mit mehreren Strophen in einem festen Versmaß die letzten Strophe im Gegensatz zu den anderen Strophen einen Endreim hat.

Die Gruppe aus drei Einheiten mit betonter erster Einheit nennt man in der Musik und im Tanz 3/4-Takt und in der Dichtung Daktylus. Der 4/4-Takt in Musik und Tanz entspricht in der Lyrik einem zweihebigen Trochäus. Im 4/4-Takt ist der dritte Ton in der Regel ebenfalls betont, aber nicht so stark wie der erste Ton.

Der Rhythmus entsteht dadurch, daß innerhalb des festgelegten Taktes eine bestimmte, sich wiederholende Folge von langen und kurzen Noten sowie eine bestimmte, sich wiederholende Folge von Betonungen benutzt wird.

Dadurch entsteht eine „Farbe" in dem Takt – der Takt ist sozusagen der Verstand der Melodie und der Rhythmus ihr Gefühl. Der Takt ist der Puls der Musik, der Bewegung oder der Sprache – der Rhythmus ist die Grundstimmung dessen, was dabei ausgedrückt wird.

Der Tanz wird naturgemäß sehr stark durch den Rhythmus geprägt, der das Grundgefühl des Tanzes ausdrückt – der Rhythmus eines Musikstücks drückt oft ein bestimmtes Lebensgefühl aus, anhand dessen man manchmal auch ohne größere Musik-Kenntnisse erkennen kann, zu welchem Tanz eine Musik gehört.

Neben den einfachen Takten gibt es auch zusammengesetzte Takte.

Einen 3/4-Takt kann man auf einfache Weise darstellen, in dem die betonten Einheiten mit einem „o" und die unbetonten mit einem „x" markiert: „oxx". Ein 4/4-Takt ohne Zwischenbetonung sähe dann so aus: „oxxx". Mit Zwischenbetonung würde man ihn „oxox" schreiben. Der 4/4-Takt ist der weitaus häufigste Takt – der 3/4-Takt ist der zweithäufigste.

Ein anderer Takt ist z.B. der 5/4-Takt. Aufgrund seiner Länge wird er in der Regel nicht mit nur einer betonten Anfangs-Einheit gespielt, sondern mit einer regelmäßigen

Zwischenbetonung. Da diese Betonung bei fünf Einheiten nicht in der Mitte liegen kann, gibt es zwei Varianten des 5/4-Taktes: das verlangsamend klingende „oxoxx" und das antreibend klingende „oxxox". Durch diese unregelmäßige Aufteilung des Taktes durch die betonten Noten macht dieser Takt zunächst den Eindruck, als ob er keinen Takt habe oder ein wenig unberechenbar dahinfließe. Zwei bekanntere Stücke im 5/4-Takt sind „Take Five" von Paul Desmond und „Mea Culpa" von Mike and the Mechanics.

Man kann den 5/4-Takt auch als eine Kombination aus einem 3/4-Takt und einem 2/4-Takt ansehen.

Der „Alegria-Tanz", der zu den Flamencos gehört, enthält einen komplexeren Wechsel von 3/4-Takt und 2/4-Takt als der 5/4-Takt.

Eine Gruppe von Einheiten von Tönen bzw. Bewegungen im „Alegria-Tanz" besteht aus 12 Tönen – dieser Tanz hat einen 12/8-Takt. Dieser Takt sieht folgendermaßen aus: „oxxoxxoxoxox" – eine Einheit ist also in zwei gleichgroße Hälften unterteilt, die beide sechs Achtel lang sind: zwei 3/8-Takte und dann drei 2/8-Takte. Wenn man diese Takte mit Lücken schreibt, wird ihr zweiteiliger Aufbau leichter erfaßbar: „oxx oxx ox ox ox"

Um das ganze noch etwas komplizierter (und feuriger) zu machen, gibt es dazu ein Händeklatschen, das einem anderen Rhythmus folgt:

Musik/Tanz: o x x o x x o x o x o x
Klatschen: xx x   xxx xxx x

Das Klatschen betont die zweite, „schnellere" Hälfte dieses Rhythmus („ox ox ox") und treibt die Tänzer an.

Durch diesen zusammengesetzten Takt und durch den abweichenden Rhythmus des Klatschens wird ein Teil der Spannung erzeugt, die im spanischen Tanz ein prägendes Element ist.

Im Tanz kommt es manchmal vor, daß die Beine und die Arme einem unterschiedlichen Rhythmus folgen.

Ich habe einige Jahre lang traditionelle afrikanische Tänze bei der Gruppe „Kalifi" („Lebensfeuer") aus Ghana gelernt. Diese Gruppe bestand aus vier Trommlern, zwei Tänzern und zwei Tänzerinnen. Eines Tages war die Ex-Frau von Papafiu, dem Masterdrummer und Leiter der Gruppe, zu Besuch und hat uns einen ihrer Tänze gezeigt.

Normalerweise konnten wir zumindestens die Schritte recht schnell nachmachen und dann schauen, was der Körper und die Arme zu tun hatten. Aber als diese Tänzerin uns ihre Tanzschritte gezeigt hat, haben wir alle nur mit großen Augen dagestanden und nicht gewußt, was wir tun sollten, da sie ihre

*Arme angewinkelt an ihrer Seite in einem ganz anderen Takt und Rhythmus
vor- und zurückbewegt hat als in dem Takt, in dem sie ihre Beine zu der Musik der Trommler bewegt hat.*

*Alle Versuche, diese Bewegung mit dem Verstand zu erfassen, scheiterten
völlig. Die einzige Möglichkeit so zu tanzen war, das Gefühl dieser Bewegung
in uns aufzunehmen und uns dann aus diesem Gefühl heraus zu bewegen.
Dabei entstand ein bestimmtes Schwingen im eigenen Körper, an das wir uns
halten konnten – aber sobald wir den Verstand benutzen und verstehen wollten, was wir da eigentlich tun, sind wir sofort aus diesem Rhythmus heraus-
gefallen.*

Manchmal gibt es in der Musik auch Taktwechsel, Beschleunigungen und Verlang-
samungen des Taktes oder eingeschobene einzelne Takte, in denen die Noten anderes
aufgeteilt sind wie z.B. bei der Triole. Eine Triole ist die Aufteilung eines Taktes in
einem 4/4-Takt in drei gleichlange Noten:

4/4-Takt: o x x x o x x x o x x x
4/4-Takt mit einer <u>Triole</u>:   o x x x <u>o   x   x</u> o x x x

In der klassischen Musik ab ca. 1850 kommen insbesondere in der Klaviermusik
auch komplexere eingeschobene Takte vor wie ein 7/8-Takt in den Raum, den sonst
8/8 einnehmen – also sieben gleichlange Noten, die zusammen so lang sind wie in
dem übrigen Stück acht „normale" gleichlange Noten.

Derartige Abweichungen rufen eine große Spannung in der Musik hervor. Im Tanz
sind sie jedoch eher selten.

*Eine Freundin von mir, die Pianistin ist, hat mir zu diesen komplexen Takt-
Varianten erzählt, daß sie eine Triole in einem 4/4-Takt noch vom Verstand
her spielen kann, weil man sie noch wie eine Bruchrechnung auflösen kann:
Der gemeinsame Nenner eines 4/4-Taktes und eines 3/4-Taktes ist der 12/12-
Takt, indem eine 4/4-Takt-Note 3/12 groß ist und eine 3/4-Takt-Note 4/12
groß. Der gemeinsame Nenner bei der Einfügung eines 7/8-Taktes in zwei
4/4-Takte wäre jedoch ein 56/56-Takt – und wer soll das noch beim Klavier-
Spielen zählen können?*

*Daher ist meine Freundin schließlich zu demselben Schluß gekommen wie
wir beim Tanzen bei den Kalifis: Manche Dinge kann man nicht mit dem Verstand lenken, sondern muß sie aus dem Gefühl heraus tun.*

*Das gilt nicht nur für das Tanzen und für das Klavierspiel, sondern auch
noch bei anderen Gelegenheiten im Leben ...*

Es macht einen sehr großen Unterschied, ob man nur aus dem Verstehen der Form eines Tanzes tanzt oder ob man aus dem Gefühl eines Tanzes heraus tanzt. Im ersten Fall ist der Tanz „korrekt", im zweiten Fall ist der Tanz „lebendig".

Dasselbe gilt für die Musik, in der dieses Gefühl, aus dem heraus man eine lebendige Musik spielen kann, „feeling", „groove" oder „drive" genannt wird.

Auch im Sprechen gibt es die präzise und korrekte Wortwahl. Wenn man jedoch leise und ohne jegliche Betonung und völlig monoton „Da vorne steht ein hungriger Löwe." sagt, passiert möglicherweise nicht viel und niemand achtet auf das, was man sagt. Wenn man jedoch laut schreit und auch nur mit großem Nachdruck in normaler Lautstärke „Da vorne steht ein Löwe!" sagt, ist die Reaktion der anderen sehr viel größer. Auch im Sprechen ist es wesentlich, das dem Inhalt der Worte entsprechende Gefühl in die Worte zu legen, da man sonst nicht gehört und verstanden wird.

> *Nach dem Ende einer Schwitzhüttem-Zeremonie, die ich geleitet hatte, hat eine der Frauen auf dem Heimweg gesagt, daß sie möglichst bald mit mir sprechen muß. Obwohl ich diese Frau schon längere Zeit als Berater begleitet hatte, habe ich nicht darauf reagiert.*
>
> *Später hat mich diese Frau gefragt, warum ich mich nicht um sie gekümmert habe, obwohl sie doch fast in Panik gewesen sei. Nach einem längeren Gespräch haben wir dann erkannt, daß sie zwar fast in Panik gewesen ist, aber ihre Gefühle derart gründlich weggesperrt hatte, daß ihr aus ihrer Sicht sehr dringender Hilferuf draußen nicht ankam – er war wie ein Brief ohne Briefmarke. Der Inhalt in dem Brief war zutreffend geschildert (ihre Not), die Adresse (ich) war korrekt, aber ohne die Briefmarke (ihre Gefühle) konnte der Brief nicht befördert werden.*

Dasselbe gilt auch für Musik und Tanz: Wenn durch sie kein Gefühl ausgedrückt wird, ist die Musik bzw. der Tanz farblos … er hat keinen Inhalt, keine Botschaft, keinen Klang …

II 4. e)   Der Fluß des Tanzes

Im Tanz gibt es neben dem Takt und dem Rhythmus noch ein weiteres Element, das den Ausdruck des Tanzes sehr stark prägt: den Fluß des Tanzes.

Der geringste Fluß findet sich bei dem schon beschriebenen „Finger-Tanz", bei dem man voreinander sitzt und nur die Arme, Hände und Finger gemeinsam bewegt.

In etwa denselben geringen Fluß hat das Tanzen im Stehen, bei dem man seine Beine kaum bewegt. Diese beiden Arten des Tanzes sind wie ein „Wahrnehmen und Reagieren vor Ort".

Deutlich mehr Bewegungs-Fluß gibt es schon beim Schreiten, aber diese Form der Bewegung ist sozusagen noch eine geordnete, sachliche „Verstandes-Bewegung".

Wenn man im Takt und im Rhythmus zu schwingen beginnt, entsteht der eigentliche Fluß des Tanzes, der den Tänzer trägt und ein Gefühl erzeugt und zugleich von diesem Gefühl getragen wird. Dieses Schwingen ist also ein sich selbst erhaltendes und stabilisierendes System. Das Schreiten ist wie Sprechen – das Schwingen ist wie Singen.

Eine weitere Verschiebung der Quelle des Tanzes vom Verstand zum Gefühl hin entsteht durch Drehungen. Diese Form der Bewegung bewirkt auch im eigenen Inneren eine Zentrierung und somit zumindestens potentiell eine Rückkehr zum eigenen Herzen.

Der Fluß des Tanzes entwickelt sich noch eine Stufe weiter, wenn man auch noch Sprünge hinzunimmt. Das liegt daran, daß man für einen Sprung einen Entschluß braucht und Entschlüsse kommen aus dem Zentrum des Menschen. Bei der Umsetzung eines Entschlusses ist zudem ein Gefühl beteiligt – der Entschluß ist die Sonne und die Gefühle sind die Strahlen dieser Sonne. Dieses Verstärken des Flusses des Tanzes durch Sprünge wird auch noch dadurch gefördert, daß Sprünge stets betonte Stellen in einem Tanz sind und auch eventuellen Zuschauern besonders auffallen. Durch einen Sprung bewegt man sich aus dem gleichmäßigen Fluß heraus und wird sozusagen zu einer besonderes hohen Woge in diesem Strom der Bewegung.

Schließlich gibt es noch das in Europa eher seltene Stampfen. Durch diese Bewegung, die in Afrika geradezu das Grundelement des Tanzes ist, entsteht eine starke Erdung und eine Ausrichtung auf den eigenen Willen – das Stampfen ist sozusagen ein „Springen nach unten".

Das Stampfen und in deutlich schwächer Weise auch das Klatschen (das „Stampfen der Hände") ist ein Ausdruck des Willens und läßt das eigene Zentrum strahlen. Wenn ein Kind wütend ist und sich unbedingt durchsetzen will, stampft es auf und schreit „Ich will! Ich will! Ich will!" Dieses Element ist im Tanz sehr wohltuend.

In Europa findet sich dieses Element am ehesten noch in dem traditionellen bayrischen Schuhplattler, in dem man springt, stampft, sich auf die Schenkel und Knie klatscht und mit der flachen Hand auf die Schuhsohlen schlägt. Wenn man sich einen derartigen Tanz anschaut, kann man das Selbstbewußtsein und den Willen, der sich darin ausdrückt, ohne große Mühe spüren …

Mir ist beim Tanzen in der Disco recht früh aufgefallen, daß ich am liebsten zu den Musikstücken tanze, die einen kräftigen Rhythmus und eine ausgeprägte, emotionsgeladene und schwebende Melodie haben – die Beine und der Leib können dann in dem Rhythmus der Drums und des Basses schwingen und sich in deren erdverbundenen „groove" stampfend hineinsteigern, während die Arme und Hände sich mit der Melodie über den Rhythmus erheben und wie ein Adler in der Höhe kreisen und die Weite genießen.

Wenn sich diese beiden Pole an den Rhythmus und an die Melodie der Musik anschließen können, beginnt das Herz zu leuchten ...

II 4. f) Das Raumgefühl

Schließlich gibt es im Tanz noch das Raumgefühl der Tanzenden als wichtiges Element. Durch dieses Raumgefühl hat man sich selber, den Raum als Ganzes, den eigenen Ort in diesem Raum und die eventuellen Mittänzer im Bewußtsein.

Dies ist eine Fähigkeit, die nichts mit dem Gedächtnis oder dem Verstand zu tun hat, sondern die eine Form der Wahrnehmung ist. Sie geht jedoch nicht von den Augen oder Ohren aus, sondern ist eine Wahrnehmung mithilfe der Lebenskraft, die man auch „telepathische Wahrnehmung" nennen könnte.

Diese Fähigkeit kann man leicht erleben, wenn man einmal längere Zeit in dem Gedränge in einer Disco mit geschlossenen Augen getanzt hat, wie es vor allem bei einigen Tänzen in den Bhagwan-Discos üblich ist. Erstaunlicherweise berührt man, obwohl sich alle bewegen und man nichts sieht, nur ab und zu ganz leicht einmal einen anderen Tänzer.

> *Wenn ich meinem Sohn von verschiedenen telepathischen oder magischen Möglichkeiten erzählt habe, hat er oft eher drastische Experimente dazu gemacht, um das, was ich ihm gezeigt habe, selber zu überprüfen.*
>
> *Als ich ihm von dieser Art der Wahrnehmung erzählt habe, hat er in seinem Zimmer Reißzwecken ausgestreut und ist dann mit geschlossenen Augen im Zimmer umhergegangen um zu prüfen, ob er tatsächlich in der Lage ist, den Raum und vor allem die Reißzwecken auf dem Fußboden ohne seine Augen wahrzunehmen – es hat geklappt.*
>
> *Bei einer anderen Gelegenheit wollte er am Abend, als es schon dunkel war, zu einer Party und wollte einen langen Umweg vermeiden, um rechtzeitig anzukommen. Daher ging er einfach quer durch den ihm unbekannten Wald zwischen sich und dem Dorf, zu dem er wollte. Dabei wußte er die meiste Zeit nicht einmal, ob er überhaupt noch in der richtigen Richtung ging – aber er kam genau an dem Gartentor des gesuchten Hauses wieder aus dem Wald.*

Mit diesem Raumgefühl hängt das „Nutzen des Raumes" zusammen. Wenn man vorwiegend auf der Stelle tanzt, ergibt sich daraus ein ganz anderes Raumgefühl und vor allem auch ein ganz anderes Selbstgefühl als dann, wenn man weite Bewegungen durch den Raum macht und von Ort zu Ort tanzt. Die Wirkung dieser „Ausflüge" ist ähnlich wie die Wirkung von Sprüngen – man zeigt sich, man drückt sich aus und man wird selbstbewußter.

Eine ähnliche Wirkung hat es, wenn man im Tanz seine Finger mitbenutzt, also sie bewegt, Gesten formt und sie spielen läßt. Diese Finger-Bewegungen schaffen Verbindungen in den Raum hinein und eventuell auch zu den anderen Tänzern. Das Bewegen der Finger ist ein Strahlen in die Welt hinein, ein Berühren der Welt, eine sich öffnende Blüte …

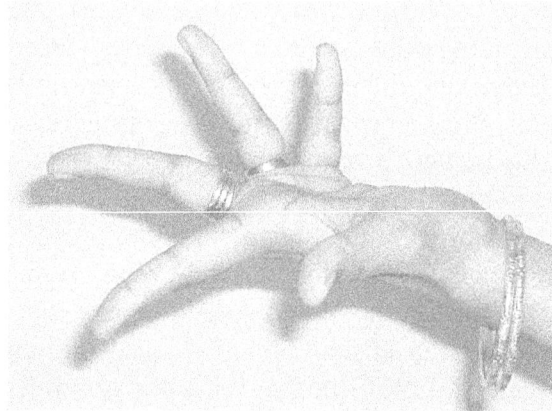

Alapadma-Mudra: der sich öffnende Lotus

II 5. Choreographie

Für die Tänze, deren Ablauf vollständig festgelegt ist, gibt es eine Choreographie („Tanz-Schrift"), also eine Planung und Festlegung der Bewegungen der Tänzer. Diese Form des Tanzes findet sich bei Aufführungen, in Ritualen und z.T. auch bei angeleiteten Tänzen, die den Tanzenden heilen sollen.

II 5. a) Raumformen

Bei improvisierten Tänzen organisieren sich die Tänzer aus dem Augenblick heraus im Tanz – entweder jeder für sich oder einzelne Paare und manchmal auch kleine Gruppen, die meistens in einem Kreis tanzen.

Bei einfachen, traditionellen Tänzen gibt es Grundformen wie den Kreis oder das Paar oder die Kette, bei der die Tänzer links und rechts je einen anderen Tänzer an der Hand halten und manchmal auch einen Halbkreis bilden. Bisweilen stehen sich auch die Männer und die Frauen in zwei Reihen gegenüber. Im Laufe eines Tanzes wird manchmal auch von der einen zur anderen Form gewechselt – z.B. von zwei Reihen zum Paartanz.

Eine eher seltene Form ist die Polonaise, bei der ebenfalls eine Reihe gebildet wird, bei der jeder Tänzer der Person vor sich die Hände auf deren Schultern legt.

Bei Tänzen, die eine feste Choreographie haben, sind jedoch auch komplexere Bewegunsabläufe im Raum möglich. Dies können ein Kreis mit einem einzelnen Tänzer oder einem Paar in der Mitte sein, aber auch andere Muster, Symmetrien, Parallelbewegungen u.ä. Auch Polaritäten zwischen zwei Tänzern oder Tänzer-Gruppen sind ein beliebtes Element und ebenso verschiedene Formen der Dynamik und der Steigerung.

Der Phantasie des Choerographen sind kaum Grenzen gesetzt. Aber es ist wichtig, daß auch die Choreographie nicht nur auf möglichst beeindruckende Effekte (Soli, Beleuchtung o.ä.) oder physische Leistungen (Mehrfach-Pirouetten, Saltos o.ä.) ausgerichtet ist, sondern daß sie aus einem Grundmotiv heraus angelegt und ausgestaltet wird – sonst fehlt der Choreographie das Herz … und ohne Herz macht es keine Freude, den Tanz zu tanzen oder ihn anzusehen.

Ein spezielles Element der Choreographie eines Tanzes ist die Pantomime. Sie kommt vor allem im indischen, tibetischen, thailändischen, afrikanischen und mittelamerikanischen Tanz sowie in der Improvisation vor. Dabei kann die Pantomime sehr direkt sein, oder bereits zu traditionellen Haltungen, Gesten und Bewegungsabläufen abstrahiert worden sein. Eine solche traditionelle Haltung ist z.B. der „tanzende

Shiva" im indischen Tanz; ein Beispiel für eine Geste wäre das bereits einige Seiten zuvor abgebildete „Mudra des sich öffnenden Lotus" im indischen Tanz; und ein weit verbreiteter Bewegungs-Ablauf ist z.B. die „Wiedergeburt des Sonnenadlers" in den Tänzen der Azteken.

Shiva Naradja: tanzender Shiva   *Wiedergeburt des Sonnenadlers*

II 5. b)   Form und Freiheit

Es gibt drei grundlegend verschiedene Arten von Tänzen: die vollständig improvisierten Tänze, die Tänze mit einem Grundmuster, das variiert wird, und die vollständig festgelegten Tänze. Naturgemäß ist die mittlere dieser drei Möglichkeiten die mit Abstand häufigste Form des Tanzes.

Eine weitere Möglichkeit der Form im Tanz ist das Anführen des Tanzes durch einen Vortänzer, den die anderen nachahmen, wobei dieser Vortänzer eine Bewegungsfolge mehrfach wiederholt, damit in den Tanz nach dem mit etwas Unruhe verbundenen Wechsel zu einer neuen Bewegungsfolge wieder ein Schwingen entstehen kann. Dabei muß der Vortänzer die ganze Gruppe und evtl. auch die Musiker im Blick haben und erkennen, welche Bewegungsfolge als nächstes Motiv in dem Tanz am

24

besten paßt oder den Tänzern die meiste Freude macht. Diese Form des Tanzes ist in den meisten Fällen ein Kreistanz.

Nach dem berühmten Woodstock-Konzert haben sich in Amerika einige Leute zusammengetan und sich zu einer jährlichen Wiederholung in einem kleineren Rahmen verabredet. Daraus sind die sogenannten „Rainbow-Camps" entstanden, von denen es dann nach einigen Jahren auch einen Ableger in Europa gegeben hat.

Als ich davon gehört habe, bin ich zur Sommersonnenwende nach Nordspanien getrampt, wo das Camp in dem Jahr stattfinden sollte. Als ich in den Bergen oben auf dem Grat angekommen bin, hinter dem das Tal lag, in dem das Fest stattfinden sollte, bin ich erst einmal sprachlos stehengeblieben – vor mir lag ein weites Tal, das ca. 3km lang und 1km breit war ... ringsum hohe Berge mit schneebedeckten Gipfeln, hohes Gras, ein kleines Flüßchen, eine halbwilde Herde von Pferde und ein großer Kreis von ca. 50 Tipis ...

Als am Abend alle in einer großen Runde innerhalb des Tipi-Kreises zusammensaßen und aßen, konnte diejenigen, die der Gemeinschaft etwas sagen wollten, den Sprecher-Stab nehmen, der in der Mitte stand, und es dann den anderen sagen. Auf diese Weise wurde z.B. bekanntgegeben, in welchem Tipi ein Arzt zu finden war, oder es wurde gefragt, wer dabei hilft, im Wald Klolöcher zu graben.

Da mir der „High Life"-Tanz, also der Fest-Tanz, den die Kalifis mit uns meistens zum Aufwärmen getanzt haben und bei dem Papafiu der Vortänzer in einem Kreistanz war, immer sehr viel Spaß gemacht hat, habe ich dann schließlich auch den Sprecher-Stab genommen und gesagt, daß alle, die Lust auf afrikanischen Tanz haben, am nächsten Morgen zu der Furt am Bach kommen sollen, und daß auch ein paar Trommler gebraucht werden.

Am nächsten Morgen kamen dann zwei Frauen, die Lust auf Tanzen hatte und ich habe dann noch einen Mann mit Trommel, den ich vor seinem Zelt gesehen hatte, gefragt, ob er für uns trommelt.

So haben wir dann mit einem Mini-Tanzkreis begonnen. Im Laufe der nächsten Stunde kamen jedoch immer mehr Tänzer und Trommler hinzu, sodaß wir gegen Mittag 20 Trommler und gut 50 Tänzer und Tänzerinnen waren, von denen aber meist nur gut die Hälfte getanzt hat. Die anderen standen im Kreis um uns herum und haben teilweise im Rhythmus geklatscht.

Nach einer Weile haben sich einige der Tänzer und Tänzerinnen den Rest ihrer Kleidung ausgezogen und ihren Körper mit dem Lehm aus der Furt des Baches bemalt und dann weiter getanzt – es wurde immer archaischer ...

Irgendwann habe ich dann das Vortanzen aufgehört und andere Tänzer angeregt, in die Mitte des Kreises zu gehen und dort das zu tanzen, was sie *gerade gefühlt haben.*

Schließlich hat sich das ganze in ein free-style-Tanzen aufgelöst, das bis in den Spätnachmittag hinein gedauert hat.

Ich habe nur selten soviel Freude gehabt wie bei diesem Tanz ...

In den traditionellen afrikanischen Tänzen hat der Masterdrummer die Aufgabe, den Wechsel von einem Tanz-Motiv zum nächsten einzuleiten. Dafür gibt es ein einfaches System der Kommunikation zwischen dem Masterdrummer, den anderen Trommlern und den Tänzern.

Bei diesen traditionellen Tänzen haben alle Bewegungsfolgen in einem Tanz dieselbe Länge, sie sind also z.B. alle vier Takte lang, egal ob sie nun Schritte, Drehungen, Sprünge, Wechselgesänge, Rufe oder anderes enthalten. Zu jeder dieser Bewegungsfolgen gehört ein bestimmter Trommelrhythmus, der sich von dem Rhythmus der anderen Bewegungsfolgen unterscheidet. Insbesondere der Teil, den der Masterdrummer bei jeder Bewegungsfolge trommelt, ist unterschiedlich.

Wenn der Masterdrummer sieht, daß eine Bewegungsfolge ausreichend lange getanzt worden ist, wechselt er zu Beginn einer Bewegungsfolge in den Trommel-Rhythmus des Teiles, der als nächstes folgen soll. Die anderen Trommler und die Tänzer hören die Veränderung im Rhythmus und wissen, welche Bewegungsfolge und welcher Trommelrhythmus nun folgen soll. Dabei wird die Bewegungsfolge, in der der Masterdrummer den Rhythmus gewechselt hat, zunächst noch von den anderen Trommlern in der bisherigen Weise weitergetrommelt und von den Tänzern auch in der bisherigen Weise getanzt. Zu Beginn der nächsten Bewegungsfolge wechseln dann alle zu der neue Bewegungsfolge, die der Masterdrummer durch seinen veränderten Rhythmus zu Beginn der letzten Bewegungsfolge angekündigt hat.

Auf diese Weise hat der Masterdrummer die Möglichkeit, die Lebenskraft zu leiten – wenn er z.B. sieht, daß die Tänzer in einem Kriegstanz die Bewegungsfolge, die der Zentrierung in sich selber dient, so lange getanzt haben, daß die meisten Tänzer gut zentriert und geerdet sind, kann er zu der Bewegungsfolge, die den Angriff darstellt, übergehen.

Neben dem freien, improvisierten Tanz, der festen Choreographie, der Führung durch einen Tänzer und der freien Variation einer Grundform gibt es auch noch eine sehr spezielle Form des Tanzes, die man am ehesten als eine Illustration bezeichnen kann. Ansätze dazu gibt es in den meisten rituellen Tänzen z.B. aus Afrika, Indien oder Mittelamerika, aber auch im klassischen Ballett.

Eine neuere Form der „illustrierenden Tanzes" ist die Eurythmie, bei der das Musikstück oder der vorgetragene Text, zu dem eurythmisch getanzt wird, durch die Bewegungen „sichtbar" gemacht werden soll. Der Tanz hat hier in etwa die Funktion, die die Bilder in einem Buch haben.

II 5. c)   Tanz und andere Elemente

Wie anfangs schon gesagt worden ist, können die Tanzbewegungen auch Elemente aus anderen Bereichen enthalten. Dadurch sind die Kampfsport-Tanz-Mischungen, die Arbeits-Tänze, die rhythmischen Arbeits-Bewegungen, die Kriegstänze, die erotischen Tänze und die tänzerischen (erotischen) Berührungen entstanden.

Man könnte auch den Fingertanz zu dieser Gruppe von Tänzen zählen, da er sehr ausgeprägt ein gegenseitiges Kennenlernen und im wörtlichen Sinne ein sich-Abtasten ist. Auch der Contact-Dance würde dann noch zu dieser Gruppe zählen.

II 6.   Die Einbeziehung der Lebenskraft

Das Konzept der Lebenskraft ist ein bißchen altmodisch, aber ausgesprochen praktisch. Falls man noch nicht allzuviele Erlebnisse mit Telepathie, Telekinese und ähnlichen Phänomenen gehabt hat, kann man zwei einfache Versuche durchführen, um einen ersten Eindruck von dem zu erhalten, was in diesen Buch der Einfachheit halber „Lebenskraft" genannt wird.

Wählen Sie ungefähr ein Dutzend verschiedene Postkarten mit möglichst kräftigen Farben und markanten Motiven aus und stecken Sie diese einzeln in Briefumschläge und kleben Sie diese zu.

Lassen Sie dann vier Personen einen dieser verschlossenen Umschläge auswählen. Diese vier Personen legen den Umschlag dann zwischen sich und „schauen" innerlich in den Umschlag auf das ihnen verborgene Bild. Dann schreibt nach ca. 3 Minuten jeder der vier auf, was er gesehen hat – zunächst ohne den anderen etwas darüber zu sagen.

Als nächstes werden die vier Wahrnehmungen verglichen. Aus den Elementen, die vier oder drei Personen gesehen haben, wird dann eine Bildbeschreibung zusammengebaut – z.B. „Es ist blau, eckig, irgendwo sind auf dem Bild Augen und unten links fühlt es sich kalt an." Dann nimmt man die Angaben, die zweimal vorgekommen sind, um diese Grundstruktur zu ergänzen.

Durch diese einfache Methode kann man die tatsächlichen telepathischen Wahrnehmungen des Bildes durch die vier Personen aus den Eindrücken herausfiltern – es ist sehr unwahrscheinlich, daß gleich drei oder gar vier Personen in sich dieselben Bilder sehen, die aber nicht zu der telepathischen Wahrnehmung gehören.

Nehmen Sie ein kleines Stückchen Pappe als Fundament und stecken Sie eine Nadel hindurch, sodaß die Spitze nach oben ragt.

Schneiden Sie ein quadratisches Stückchen Papier mit einer Seitenlänge von 5-6cm Länge aus einer Papierart mit harter Oberfläche aus – die harte Oberfläche erkennen sie daran, daß auf der Packung „oberflächengeleimt" steht oder daran, daß das Papier glänzt; manchmal ist auch die eine Seite eines Papier glänzend und die andere matt. Die glatte, harte, glänzende Oberfläche des Papiers verringert noch weiter die ohnehin schon geringe Reibung bei dem folgenden Versuch.

Falten Sie das Papier nun viermal und streichen Sie es danach jeweils wieder glatt, sodaß sie vier Falten erhalten – zwei Diagonalen und die beiden dazwischenliegenden „Seitenmittenverbindenden". Dadurch ergibt sich ein achtstrahliger Stern. Falten Sie dabei für die Diagonalen das Papier nach unten und für die „Seitenmittenverbindenden" das Papier nach oben. Nun können Sie das Papier durch ein wenig Knicken zu einem flachen Stern falten, der an den Diagonalen einen Grat nach oben hat und an den „Seitenmittenverbindenden" ein Tal nach unten.

Legen sie nun das Papier mit seiner Mitte auf die Nadelspitze und prüfen Sie durch leichtes Anstoßen, ob es stockt oder ob es sich mühelos dreht.

Halten Sie dann eine Hand neben das Papierrädchen und stellen Sie sich vor, daß sie das Rädchen mit Ihrer Vorstellungskraft bzw. mit Ihrer Lebenskraft drehen.

Diesen Versuch können Sie sich auch bei „youtube" unter „Telekinese, Papierrädchen" und ähnlichen Suchbegriffen anschauen, um zu sehen, wie der Versuchsaufbau gemeint ist.

II 6. a)   Tanz und Imagination

Die Lebenskraft wird durch den Willen und die Imagination gelenkt. Der Wille ist die Quelle der Motivation, der Impuls, die letztlich alles bewegt. Die Imagination ist hingegen das Werkzeug oder genauer gesagt das Hilfsmittel, mit dessen Hilfe die Lebenskraft bewegt werden kann.

Eine entschiedene Absicht, ein intensives Gefühl und ein klares Konzept sind ebenfalls notwendig, aber ohne die Imagination fehlt sozusagen der Zugriff auf die Lebenskraft. So wie physische Gegenstände mit der Hand bewegt werden können, so kann die Lebenskraft durch die Imagination bewegt werden.

„Imagination" bedeutet in diesem Zusammenhang eine möglichst klare, scharf konturierte und farbige bildliche Vorstellung. Die Imagination muß jedoch nicht perfekt sein, um eine Wirkung zu haben.

Imagination ist nicht bei jedem Tanz gleich wichtig, auch wenn sie in so gut wie jedem Tanz eine Rolle spielt.

Wenn man in die Disco geht, um sich den Frust aus dem Leib zu tanzen, ist Imagination nicht nötig, da man aufgrund des Frustes schon in dem Gefühl ist, um das es einem geht und man aus diesem Gefühl heraus die Bewegungen machen wird, die einem selber gut tun – wildes Tanzen, Stampfen, aggressive Bewegungen, Headbanging usw. In dieser Art des Tanzes drücken die Bewegungen direkt das Gemeinte aus, sodaß keine weitergehende Imagination notwendig ist.

Das Gegenextrem dazu ist die Anrufung einer Gottheit im Tempeltanz. Wenn man Shiva tanzt und dabei lebhaft imaginiert, selber Shiva zu sein und als Shiva zu tanzen, hat der Tanz eine völlig andere Wirkung als wenn man einfach nur die einstudierten

Bewegungen durchführt.

Jeder Tanz, in dem etwas bewegt, geheilt, gerufen oder auf sonst eine Weise mithilfe der Lebenskraft verändert werden soll, benötigt die Imagination des erwünschten Zustandes – was auch immer dies sein mag.

Auch die Tänze, in denen die Teilnehmer bestimmte Wesen darstellen wie in den meisten rituellen Tänzen und auch in den meisten Tanz-Vorführungen, die auf einer Geschichte beruhen, benötigen diese Imagination, da die Tanz-Bewegungen ohne diese inneren Bilder leer und leblos bleiben.

Der Tanz braucht ein Herz, um lebendig zu sein – das ist die klare und intensive Motivation, genau jetzt und hier etwas ganz Bestimmtes durch den eigenen Tanz auszudrücken oder zu erreichen. Die Imagination faßt diese Motivation in Bilder, die diesen Willensimpuls ausdrücken. Die Imagination ist das Element, das von der Motivation ausgehend die Lebenskraft formt und lenkt. Dadurch hat die Bewegung, die sich dann aus dieser Motivation und aus dieser Imagination ergibt, eine Wirkung, die dem Wunsch entspricht, der mit der Motivation verbunden ist.

Die Lebenskraft des eigenen Körpers enthält die eigenen Erinnerungen, die eigenen Gefühle und die eigenen Gedanken, also die gesamte eigene Psyche. Dazu kommen zusätzlich noch die „speziellen Fähigkeiten" der Lebenskraft wie z.B. die Telepathie und die Telekinese sowie die speziellen Prägungen der Lebenskraft wie z.B. das eigene Geburtshoroskop.

Alle diese Inhalte der Psyche bzw. des Lebenskraftkörpers spielen sowohl bei der Motivation als auch bei Imagination eine große Rolle – die eigene Lebenskraft ist kein großer „Topf" mit einem homogenen „Licht", sondern eine Vielfalt von Bildern, Strukturen und Bewegungen.

So einfach ist Magie: das Licht der eigenen Seele durch die Lebenskraft in die Welt hinaus senden.

So einfach ist Leben: das Licht der Seele ungehindert durch die Psyche in jede Haltung und Handlung fließen lassen.

So einfach ist Tanz: das Licht der Seele mithilfe der Lebenskraft in jede Haltung und Bewegung strömen lassen.

Magie, Leben und Tanz sind ungehinderter Selbstausdruck … sie sollten es auf jeden Fall sein …

II 6. b) Tanz und Chakren

Die Lebenskraft im eigenen Körper ist wie der physische Körper keine ungeordnete

Masse, sondern besitzt Organe: die Chakren. Es gibt sieben Hauptchakren und eine größere Anzahl von Nebenchakren sowie einen „Lebenskraft-Kreislauf", der am besten als „Kundalini" bekannt ist. Alle diese Chakren, der Lebenskraft-Kreislauf und auch die „Adern", in denen diese Lebenskraft fließt, bilden ein weitgehend symmetrisches System, das zwar aufgrund der Vielzahl seiner Bestandteile komplex ist, aber zugleich aufgrund seines schlichten, logischen Aufbaus auch sehr einfach ist.

Die sieben wichtigsten Chakren haben die folgenden Eigenschaften:

				Scheitelchakra	geistiger Kontakt
				Drittes Auge	äußere Kooperation
				Halschakra	sozialer Selbstausdruck
				Herzchakra	Seele, Identität, Quelle
				Sonnengeflecht	körperlicher Selbstausdruck
				Hara	innerer Halt
				Wurzelchakra	körperlicher Kontakt

Idealerweise liegt der Anlaß für einen Tanz in der Motivation im Herzchakra.

Im ersten Schritt strahlt das Herzchakra in die beiden Chakren über und unter ihm: Die Motivation im Herzchakra konkretisiert sich dann im Sonnengeflecht in einem Wunsch nach einer Bewegung oder einem körperlichen Erlebnis sowie im Halschakra in einem sich-Zeigen und dem Wunsch nach einem Gemeinschafts-Erlebnis.

Im zweiten Schritt strahlt das Sonnengeflecht weiter in das Hara hinab und das Halschakra weiter in das Dritte Auge hinauf: Der Wunsch nach körperlichem Selbstausdruck im Sonnengeflecht wird im Hara zu der Wahl des besten Standortes, der besten Haltung und der besten Bewegung; der Wunsch nach sozialem Selbstausdruck im Halschakra wird im Dritten Auge zu der Wahl der besten Umgebung, der besten Gemeinschaft sowie der besten Handlung in dieser Gemeinschaft.

Im dritten Schritt strahlt das Hara weiter in das Wurzelchakra hinab und das Dritte Auge weiter in das Scheitelchakra hinauf: Die eigene Haltung und Bewegung im Hara wird zu dem physischen Kontakt mit der Welt; die Kooperation mit der Gemeinschaft im Dritten Auge wird zu dem geistigen Kontakt im Scheitelchakra.

Das, was vereinfacht „Imagination" genannt wird, hat entsprechend diesen vier „Schichten" von Chakren auch vier Phasen:

1. den Ursprung des Impulses im Herzchakra,

2. die Konkretisierung dieses Impulses zu einem am Herzchakra orientierten Wunsch im Sonnengeflecht und im Halschakra,

3. die Konkretisierung dieses Wunsches zu einer an den derzeitigen Umständen orientierten Haltung und Bewegung im Hara und im Dritten Auge, und

4. die Konkretisierung dieser Haltung und Bewegung zu einer Berührung der Welt im Hier und Jetzt im Wurzelchakra und im Scheitelchakra.

Einerseits entsteht der Tanz aus dem Herzchakra heraus als Bewegung in der Welt und andererseits läßt sich der Tanzende auch durch die Begegnung mit der Welt bis in sein Herzchakra hinein berühren.

Letztlich ist das Herzchakra Selbstliebe, die als Liebe in die Welt hinausstrahlt und die die eigene Selbstliebe im Kontakt mit der Welt auch als die eigene Liebe zu der Welt erleben kann.

Tanz kann zu einem Ausdruck der Selbstliebe werden …

Wenn man tanzt, kann man schauen, was dabei geschieht.

Ist der Tanze rfüllend? Dann ist alles gut …

Ist der Tanz leer? Dann fehlt es wahrscheinlich an einer eigenen Motivation für das Tanzen – das Herzchakra ist nicht beteiligt …

Will man, aber hat man nicht den Mut dazu? Dann können aus der Motivation keine Wünsche entstehen – die Motivation fließt nicht aus dem Herzchakra in das Sonnengeflecht und in das Halschakra …

Versucht man es, aber weiß man nicht wie? Dann kann aus den Wünschen keine konkrete Absicht werden – die Wünsche fließen nicht aus dem Sonnengeflecht und dem Halschakra in das Hara und in das Dritte Auge …

Weiß man wie, aber scheut man letzten Endes doch zurück? Dann kann man den Plan nicht umsetzten und fürchtet den konkreten Kontakt – die Absichten fließen nicht aus dem Dritten Auge und dem Hara bis in das Wurzelchakra und in das Scheitelchakra …

Die Entwicklung von der Motivation im Herzen bis hin zum konkreten Kontakt ist der Weg, auf dem sich die Lebenskraft bewegt und der durch die Imagination unterstützt wird: Wenn man aus der Motivation (Herzchakra) ein klares Wunschbild (Sonnengeflecht/Halschakra) erschaffen kann und dieses Wunschbild dann konkret werden lassen kann (Hara/Drittes Auge), wird die von diesem Bild geprägte Lebenskraft zu einem Kontakt mit der Welt (Wurzelchakra/Scheitelchakra) führen, der dem eigenen Wunschbild entspricht.

Die grundlegenden Störungen im Lebensfluß eines Menschen und somit auch im Fluß eines Tanzes sind die Traumas. Aus Sicht der Chakren sind sie vereinfacht gesagt wie der Krampf eines Chakras, durch das der freie Fluß der Lebenskraft stark behindert wird. Und wenn in einem Fluß ein Damm entstanden ist, staut sich das Wasser und überschwemmt manche Bereiche, während andere Bereiche unter einer Dürre leiden …

Bei einem Trauma staut sich die Lebenskraft entweder in den drei oberen Chakren, mit deren Hilfe der Mensch nach außen blickt, oder in den drei unteren Chakren, mit deren Hilfe der Mensch nach innen blickt – die jeweils drei anderen Chakren erleben dann eine „Dürre".

Ein Trauma entsteht in einer Streßsituation, die nicht gelöst werden konnte, und in der der Streß anschließend auch nicht wieder abgebaut werden konnte. Dadurch bleibt man entweder in dem Fluchtreflex stecken (wenn sich die Lebenskraft oben staut) oder in dem Angriffsreflex (wenn sich die Lebenskraft unten staut).

Dieses Ungleichgewicht merkt man dann in sehr vielem, was ein Mensch mit einem solchen Trauma tut: Wenn sich die Lebenskraft oben staut, ist er eher ein Asket (Stau im Scheitelchakra), ein Opfer (Stau im Drittes Auge) und ein Fan (Stau im Halschakra) – wenn sich die Lebenskraft unten staut, ist er eher ein Süchtiger (Stau im Wurzelchakra), ein Täter (Stau im Hara) und ein Star (Stau im Sonnengeflecht).

Das spürt man natürlich auch in der Kunst:

Jemand mit einem Lebenskraft-Stau in den drei oberen Chakren wird perfekt ausgearbeitete Bilder malen, die aber keine Kraft haben; er wird Musik schreiben, die alle Harmoniegesetze berücksichtigt, aber langweilig ist; er wird Steinskulpturen vollkommen glatt polieren, die aber nichtssagend bleiben; er spielt den King Lear im Theater und weiß alle Worte und Gesten, aber er kann kein Gefühl hineinlegen; und er wird alle Tanzschritte kennen und beherrschen, aber es brennt kein Feuer in seinen Bewegungen.

Jemand mit einem Lebenskraft-Stau in den drei unteren Chakren wird ein heftiges Farb-Chaos malen, aber die Bilder werden keinerlei Hoffnung oder Frieden ausstrahlen; er wird Musik schreiben, die ein einziger Gefühlsausbruch ist, aber die auch rücksichtslos und richtungslos ist und niemanden einlädt; er wird Steinskulpturen erschaffen, die jedem auffallen, weil sich jeder daran stößt, aber die niemanden zum Betrachten anregen; er spielt den King Lear im Theater wie ein Verrückter, aber er vergißt ständig den Text und auch den Bezug dessen, was er tut, zu dem gesamten Schauspiel; und er wird sich im Tanz wild und rücksichtslos bewegen, aber dabei jegliche Regeln brechen und die meisten anderen Tänzer von der Tanzfläche vertreiben und jegliche Tanzfreude der anderen zerstören.

Hin und wieder hat auch eine ganze Kultur ein Trauma oder zumindestens ein deutliches Ungleichgewicht, was die Verteilung der Lebenskraft auf die drei oberen und die drei unteren Chakren betrifft.

So findet man z.B. in der klassischen Musik sehr viel Harmonie, aber nur wenig Kraft – Energiestau in den oberen Chakren … Die wenigen Ausnahmen, in denen der Komponist die Harmoniegesetze beherrscht hat und gleichzeitig seine Kraft in die Komposition gelegt hat, sind daher sehr berühmt geworden wie z.B. Bachs Toccata, Beethovens 1. Satz der 5. Sinfonie und der letzte Satz seiner 9. Sinfonie oder auch die Ouvertüre der Carmina Burana von Carl Orff.

Der Gegenpol dazu wäre z.B. die Punk-Musik oder die Richtung des Death-Metal, die zwar die heftigsten „Hau drauf!"-Gefühle ausdrücken, aber keinerlei Harmonie haben und keinerlei Perspektiven aufweisen.

Auch in der neueren Musik sind diejenigen am erfolgreichsten, die sowohl die Harmonieregeln anwenden konnten und die zugleich aber auch ihre Gefühle ungebremst ausgedrückt haben. Eine der ersten Bands, die dies beides beherrscht hat, sind die Beatles gewesen. Die Integration der Aggression in die Musik ohne das diese dadurch destruktiv geworden ist, findet sich in u.a. im Sinfonic-Metal wie z.B. bei der Band Nightwish.

Dieselbe Integration und Heilung ist auch beim Tanz notwendig gewesen: Der barocke höfische Tanz war ziemlich formal und distanziert – alle Lebenskraft gehorsam in den oberen Chakren und der König sagt, wo's langgeht … Der Walzer war dann der erotische Skandal-Tanz, die afrikanische Musik hat im frühen 20. Jahrhundert den Rhythmus in der Musik und im Tanz bewußter gemacht, der in den drei unteren Chakren verankert ist, Elvis Presley hat mit dem ersten Hüftschwung auf der Bühne alle Puritaner geschockt, und die Rolling Stones haben dann systematisch so gut wie alle Tabus gebrochen.

So hat sich sowohl die Musik als auch der Tanz, die in ihrer kulturellen Prägung immer sehr eng miteinander verbunden gewesen sind, in den letzten Hundert Jahren in der westlichen Zivilisation zu einer heileren, vollständigeren Form weiterentwickelt.

II 6. c) Tanz und Magie

Es gibt auch Tänze, die mit dem ausdrücklichen Ziel einer magische Wirkung getanzt werden.

Zu den einfacheren Tänzen dieser Art gehören z.B. die Jagdtänze und die Regentänze, in denen das erwünschte Ereignis, also das erlegte Wild bzw. der Regen halbpantomimisch dargestellt und getanzt werden. Die Darstellung des erwünschten Ereignisses ist dabei vor allem eine Imginationshilfe. Dadurch, daß man das erwünschte Ereignis darstellt und sich dabei auf dieses Ereignis konzentriert, wird die Lebenskraft in starkem Maße geprägt und gelenkt.

Diese Imagination wird zusätzlich durch den Tanzrhythmus und durch das

Trommeln und Singen begleitet, wobei der Gesang ebenfalls das erwünschte Ergebnis beschreibt. Die Jäger, die einen Jagdtanz aufführen, kleiden sich dabei oft in das Fell des Großraubtiers und identifizieren sich selber mit diesem Tier, sodaß sie in dem Tanz sozusagen zu einem Panther werden, die die Antilope reißt.

Die Regentänze beziehen sich auf die Regenmythe des betreffenden Volkes. So würde man im alten Indien z.B. Indras Sieg über die Regenräuberschlange gesungen und getanzt haben, um den Regen zu befreien und herbeizurufen.

Ein etwas anderer „magischer Tanz" ist der Sonnentanz. Die Sonne ist in fast allen Kulturen das Symbol für die Seele. Daher können Sonnentänze dafür benutzt werden, um den Kontakt zu der eigenen inneren Sonne, also zu der eigenen Seele zu finden.

Der oft benutzte Begriff „Trancetanz" bezeichnet keinen bestimmten Tanz und kein bestimmtes Ziel, sondern eine Tanzmethode. Eine Trance in dem Sinne, wie dieses Wort im Zusammenhang mit Tänzen benutzt wird, ist ein Zustand der hohen, aber entspannten Konzentration, in der das Bewußtsein nur noch von einem einzigen Bild oder Thema erfüllt wird. In der Meditation wird dieser Zustand „Dharana" genannt.

Dieser Zustand kann zum einen in der meditativen Stille durch entspannte Konzentration erreicht werden und zum anderen durch einen rhythmischen Tanz, das lange Zeit wiederholte Singen eines kurzen Verses oder das innerliche Sprechen eines Mantras. Das Wesentliche an der zweiten Methode ist der Rhythmus der Bewegung, des Singens, des äußerlichen oder innerlichen Sprechens – in diesen Rhythmus taucht man immer tiefer ein und löst in ihn hinein alles auf, sodaß dieser Rhythmus schließlich alles durchdringt und alles trägt.

Auf einem Rainbow-Gathering in den Bergen in Nordwest-Österreich haben wir abends einige Feuer entzündet und zu trommeln begonnen. Es hat nicht lange gedauert, bis die ersten anfingen, zu dem Trommeln zu tanzen. Nach einer Weile bin auch ich aufgestanden und habe mitgetanzt.

Nach kurzer Zeit habe ich in mir meine Wölfin (mein Krafttier) gespürt und sie singen gehört. Es war ein Lied im Geistersprachen-Stil der Indianer in Nordamerika – es klang ungefähr wie „Hey yanna hey, yanna ho!"

Ich habe dieses Lied dann innerlich zusammen mit meiner Wölfin bzw. als meine Wölfin gesungen. Nach einer Weile habe ich es dann auch leise gesungen, aber schließlich fand ich, daß das so einfach nicht paßt – das Lied gehört laut und mit aller Kraft gesungen! Also war ich mutig und habe das Lied mit all meiner Kraft laut gesungen.

Zu meiner Verwunderung fingen nach und nach einige andere Tänzer an, mit mir mitzusingen und nicht viel später haben so gut wie alle Tänzer und Tänzerinnen und auch die Trommler das Lied meiner Wölfin gesungen. Und ich war vollkommen in meiner Wölfin und habe als meine Wölfin getanzt und gesungen ...

Magie besteht zu einem guten Teil auch aus „sinnvollen Zufällen", also aus Wünschen, die sich spontan erfüllen. Dies ist natürlich kein spezieller Aspekt des Tanzes, aber er tritt auch im Zusammenhang mit Tänzen auf.

> Vor etlichen Jahren bin ich in einer kleinen Krise gewesen und habe mich gefragt, was ich jetzt am besten als nächstes tun soll. Ich habe diese Frage in mich hinein gerichtet und habe von meiner Seele die Antwort erhalten „Tanzen." Das sagt sie in sehr vielen Fällen und es hat sich auch jedesmal gezeigt, daß das genau das Richtige war.
>
> Ich habe sie gefragt, ob ich zu einer bestimmten Musik tanzen sollte. Auf diese Frage erhalte ich sehr oft „Borboletta von Santana" als Antwort – der „Schmetterling" (portugiesisch: „Borboletta") brachte dann wieder etwas Leichtigkeit in mein Leben. Diesmal empfahl meine Seele mir jedoch „Dark Side of the Moon von Pink Floyd".
>
> Da habe ich die Platte aufgelegt und zu tanzen begonnen, aber nach kurzer Zeit habe ich gemerkt, daß ich die Musik lauter hören wollte als es in meiner Wohnung in dem Mietshaus angebracht gewesen wäre und daß ich auch deutlich mehr Platz haben wollte.
>
> Also habe ich mich auf mein Rad geschwungen und bin von dem Dorf, in dem ich gewohnt habe, in die Stadt geradelt und habe mich nach Discos umgesehen. Gleich bei der ersten Disco hörte ich die ersten Töne von „Dark Side of the Moon" aus dem Keller emporklingen.
>
> Da es noch sehr früh war, war ich der einzige Mensch auf der Tanzfläche ... Sie haben die ganze Platte gespielt und ich hatte bis auf die letzten 5 Minuten die ganze Tanzfläche für mich alleine ...

II 6. d) Tanz und Heilung

Der Tanz steht in einem engen Zusammenhang mit der Lebenskraft und die Lebenskraft erhält durch die ihr eingeprägten Bilder, die dem eigenen Wesen entsprechen, die eigene Gesundheit. Entsprechend verursacht sie durch die Bilder in ihr, die von dem eigenen Wesen abweichen, die Krankheiten. Daher liegt es nahe, den Tanz auch für die Heilung zu benutzen. Wie fast überall gibt es auch hier verschiedene Ansätze.

In der Heileurythmie betrachtet die Heileurythmistin die Erkrankung des Patienten und die Zusammenhänge der Krankheit mit dem Gesamtsystem des Menschen. Daraus schlußfolgert sie, welche Qualitäten dem Betreffenden fehlen – z.B. Abgrenzung, Mitgefühl, Durchsetzungskraft usw. Daraufhin leitet sie den Patienten zu bestimmten eurythmischen Bewegungsabläufen an, die die fehlende Qualität in dem Patienten verstärken sollen. Diese Bewegungsabläufe sind in der Regel einzelne Gesten, die mit einem Schreiten verbunden sind. Hier ist eine äußere Regel Halt und Vorbild für den Patienten – ihm wird ein „Bewegungs-Medikament" verschrieben.

Die Tanztherapie verfolgt einen anderen Ansatz. Das Grundelement ist der freie, improvisierte Tanz, der dem Patienten durch seine Selbstbeobachtung und durch die Außenbeobachtung der Tanztherapeutin eine Selbsterkenntnis ermöglicht, die dann die Grundlage für die Gesundung sein kann.

In Kulturen, die auf einem magisch-mythologischen Weltbild aufbauen, gibt es die Möglichkeit, zu schauen, mit welcher Gottheit, welchem Engel oder welchem Geist eine Krankheit zusammenhängt und dann dieses Wesen herbeizurufen und um Hilfe zu bitten. Oft ist dieses Herbeirufen ein einfaches Gebet o.ä., durch das dann z.B. eine Handvoll Reis geweiht wird, die man dann in der eigenen Wohnung verstreuen muß. Es gibt jedoch auch die Möglichkeit, das betreffende Wesen durch einen Tanz anzurufen oder den Patienten zu einem entsprechenden öffentlichen Tanz zu verweisen, an dem er dann als Zuschauer und Gesegneter teilnimmt. Diese Form des Heiltanzes ist jedoch eher selten.

Eine naheliegende Methode ist die „Selbstbesinnung durch Tanz", bei der man z.B. das eigene Krafttier tanzt und sich dadurch wieder auf die eigenen Qualitäten besinnt. Dazu setzt oder stellt man sich zunächst einmal hin und nimmt innerlich Kontakt mit dem eigenen Krafttier auf. Dann bittet man das Krafttier, sich durch Bewegungen in dem eigenen Leib auszubreiten und die Lebenskraft in einem selber wieder in einer gesunden Form fließen zu lassen und dafür, wenn nötig, auch die inneren Bilder aufzulösen, die nicht dem eigenen Wesen entsprechen. Dasselbe kann man auch mit jedem anderen Wesen, das mit einem selber verbunden ist wie der eigenen Seele, dem Kraftstein, der Kraftpflanze, der Schutzgott, dem inneren Mann, der inneren Frau usw. durchführen.

Diese vier Ansätze haben eine deutlich verschiedene Vorgehensweise:

1. In der Heileurythmie wird dem Kranken eine Bewegung verschrieben, die ihm bei der Erlangung der ihm fehlenden Qualitäten hilft.

2. Bei der Tanztherapie kommt der Patient durch seinen improvisierten Tanz zu einer heilsamen Selbsterkenntnis.

3. Bei dem Heiltanz wird von einer Heilerin oder einer Tanz-Priesterin durch einen Tanz eine Gottheit o.ä. zu dem Patienten oder in den Patienten gerufen, die dem Patienten die ihm fehlende Qualität bringt.

4. Bei dem Tanzen der eigenen Seele, des eigenen Krafttieres usw. besinnt sich der Tänzer auf sich selber und gibt sich selber Ausdruck, um dadurch wieder zu dem Lebenskraft-Fluß und zu den Bildern in seiner Lebenskraft zurückzukehren, die ihm selber entsprechen.

Manchmal gibt es auch den Ansatz, daß man durch Tänze die Erde, den Wald o.ä. heilen will. Es hat sich jedoch gezeigt, daß dies nur in sehr begrenztem Maße möglich ist – der Mensch ist im Vergleich zur Erde ziemlich klein …

Dasselbe gilt für die Magie allgemein – das, was der Mensch tun kann, ist die Natur nicht zu zerstören, aber die Natur braucht den Menschen nicht als Heiler. Diese Aussage habe nicht nur ich selber mehrfach gehört, sondern auch andere Menschen.

> *Als ich vor 35 Jahren mithilfe von Magie etwas gegen das Waldsterben tun wollte, haben mir die Bäume, die ich gefragt habe, immer wieder gesagt, daß es darum geht, weniger Schwefel in die Luft zu bringen, und nicht darum, das Lebenskraftsystem des Waldes zu beeinflussen.*
>
> *(Ich habe dann trotzdem versucht, dem Wald mithilfe von Magie zu helfen, aber die Ergebnisse waren ein Desaster – das angewandte Heilmittel war eindeutig das falsche …)*
>
> *Dasselbe habe ich auch im Zusammenhang mit meiner Hilfe bei der Planung einer Wasseraufbereitungsanlage auf einer Traumreise von Poseidon zu hören bekommen: „Verschmutzt nicht euer Wasser – das ist alles, was gebraucht wird.“*

Es ist natürlich möglich, den Zustand eines Ortes, d.h. die Verteilung und den Fluß der Lebenskraft durch das Aufstellen von Steinen, das Anlegen von Hügeln und Gräben, das Errichten von Gebäuden usw. zu beeinflussen, aber das ist letztlich nur eine Form der Landschaftsgestaltung entsprechend den Wünschen der Menschen („Feng Shui“) und keine Heilung der Natur – die Natur sorgt für sich selber, wenn der Mensch sich nicht allzusehr einmischt.

II 6. e)   Tanz und Kult

Der Tanz ist in den meisten Kulturen ein fester Bestandteil des Kultes. Durch den Tanz können sich die Kultteilnehmer auf eine gemeinsame Absicht und auf ein gemeinsames Bild, das diese Absicht ausdrückt, einschwingen. Durch einen derartigen Tanz beginnt die Lebenskraft der Kult-Gemeinschaft gemeinsam in einem Rhythmus zu schwingen und das gemeinsame Bild aufzuladen, das dadurch dann in dieser Gemeinschaft zu wirken beginnt.

Beim Tempeltanz führt meist eine Tänzerin oder eine Gruppe von Tänzern Szenen aus den Mythen einer Gottheit auf. Dies kann eine einfache tänzerische Darstellung sein, aber sie kann auch den Charakter einer Anrufung der dargestellten Gottheit haben, die dann den oder die Tänzer während des Tanzes erfüllt. Dabei bleiben die Tanzenden sich jedoch ihrer selber bewußt.

Es gibt auch durch Tanz bewirkte Trancen, die so tief sind, daß der Tanzende sich anschließend nicht mehr an das erinnern kann, was er getanzt hat – aber diese Form der Tanzekstase ist eher selten und es ist auch zumindestens sehr fraglich, ob sie dem Tanzenden letztlich guttun, weil er durch den Verlust der Erinnerung an seinen Tanz keine Möglichkeit hat, das Erlebnis in seine Psyche zu integrieren. Ein Trancetanz dieser Art kann eine ähnlich destabilisierende Wirkung auf eine Psyche haben wie ein zu häufiges Hypnotisiertwerden.

Ein extremer Fall von Tanzekstase ist der im Mittelalter aufgetretene Veitstanz, bei dem oft große Ansammlungen von Menschen in einen wilden Tanz geraten sind, den sie so lange fortgeführt haben, bis sie Schaum vor dem Mund und Wunden am Körper hatten und schließlich zusammengebrochen sind.

Die Ursache für diese „kollektiven Tanz-Anfälle" ist weitgehend unklar – es wurden bisher Tarantelbisse, Drogen, die Angst vor der Pest und die Besessenheit durch den Teufel vermutet. Lediglich die Angst vor der Pest könnte die spontanen kollektiven und teilweise selbstzerstörerischen Tänze ansatzweise erklären.

Eine weitere Vermutung ist das Verbot des Tanzes durch die Kirche, das dazu führte, daß das Tanzbedürfnis verdrängt wurde und dann schließlich aus einem Menschen herausbrach und dann einen Teil der anderen Menschen, die ebenfalls ihr Tanzbedürfnis verdrängt hatten, mit in den Tanz-Anfall gezogen haben.

Dabei könnte auch die damalige Verteufelung der Sexualität mitgewirkt haben – der Tanzanfall wäre dann ein Aufstand der drei unteren Chakren (Sexualität, Wildheit, Körperbezogenheit) gegen die despotische Herrschaft der drei oberen Chakren (Religion, Gehorsam, Verstandesbezogenheit) gewesen.

II 7.   Tanz und Humor

Ein wichtiger Aspekt des Tanzes scheint auch der Humor zu sein – zumindestens ist bei allen Tänzen, die ich gelernt habe, und bei denen das Lernen richtig Freude gemacht hat, sehr viel gelacht worden.

Meine Ballettlehrerin Iskra Zankova hat nie getadelt und war nie streng – das war auch gar nicht nötig, denn alle waren aufmerksam, weil sie Freude am Unterricht hatten. Und wenn es einmal etwas zu korrigieren gab, hat sie den Fehler nachgetanzt ohne zu sagen, wer ihn gemacht hat. Dabei hat sie den Fehler so übertrieben, daß wir alle lachen mußten und uns gemerkt haben, worauf wir achten müssen.

Selbst der Ballett-Pianist Paul Rey Klecka, ein Freund von Iskra aus Chikago, hat es immer wieder einmal geschafft, uns durch sein Spiel zum Lachen zu bringen – wenn er ein Stück zum dritten mal abbrechen mußte, weil wir etwas an den dazugehörenden Tanz-Bewegungen noch nicht verstanden hatten, konnte er durch ein paar Noten, die er noch weitergespielt hat, halb sehnsüchtig und mit einem Schmunzeln sagen, daß er sich wünscht, das Stück mal zu Ende spielen zu können.

Die Kalifis haben es bei sogar geschafft, wenn sie zu dritt getrommelt haben, so deutliche Gefühle beim „Trommel-Gespräch" miteinander auszudrücken, daß wir manchmal über das, was sie zueinander „gesagt" haben, lachen mußten.

III Aspekte des Tanzes

Im vorigen Kapitel sind verschiedene Elemente des Tanzes beschrieben worden, die sich in den bekannten Formen des Tanzes vorfinden. Dieses Vorgehen orientiert sich an der Geschichte des Tanzes und an den beobachteten Tanz-Phänomenen.

Man kann jedoch auch einen anderen Standpunkt einnehmen und sich fragen, welche generellen Möglichkeiten es beim Tanz eigentlich gibt.

Um eine solche Beschreibung zu verfassen, ist es hilfreich, einen Rahmen oder ein Raster zur Verfügung zu haben, das es ermöglicht, die Vielfalt der Möglichkeiten systematisch zu erfassen und zu beschreiben. Dafür eignet sich die Astrologie am besten.

Ein solches System wie die Astrologie, das wie ein Mandala die Vielfalt der Möglichkeiten in der Welt in einem systematischen Muster zusammenfaßt, ermöglicht es, Aspekte des Tanzes zu entdecken, die man ohne das Benutzten eines solchen Mandalas möglicherweise übersehen hätte.

Eines der einfachsten Mandalas sind die vier Elemente. Auf den Tanz bezogen würden sie vier Aspekte beschreiben: die Bewegungsfreude des Feuers, die Innigkeit des Wassers, die Neugier der Luft und das Gedeihen der Erde. Das astrologische System ist jedoch weitaus differenzierter.

Ein Horoskop, also die astrologische Beschreibung des Lebensstiles eines Menschen besteht aus sieben verschiedenen Elementen, die man einem Schauspiel vergleichen kann:

1. Die zehn Planeten stellen zehn Fähigkeiten dar, über die jeder Mensch verfügt: die Wahrnehmung (Mond), den Verstand (Merkur), die Bewertung (Venus), den Willen (Sonne) usw.
Dies entspricht den Schauspielern in einem Schauspiel.

2. Die zwölf Tierkreiszeichen stellen zwölf Stile dar, die die zehn Planeten benutzen können: die Spontanität (Widder), das Genießen (Stier), die Neugier (Zwilling), die Innigkeit (Krebs) usw.
Dies entspricht den Rollen der Schauspieler.

3. Die zwölf Häuser stellen die zwölf Lebensbereiche dar, auf die die Planeten ausgerichtet sein können: das 1. Haus (Hier und Jetzt), das 2. Haus (Besitz), das 3. Haus (Begegnungen), das 4. Haus (Familie) usw.
Dies entspricht den Orten auf der Bühne, die die Schauspieler einnehmen.

4. Das Tierkreiszeichen im ersten Haus („Aszendent") beschreibt den allgemeinen Stil, den ein Mensch in seinem Leben benutzt: Spontanität (Widder), Genießen (Stier), Neugier (Zwilling), Innigkeit (Krebs) usw.
Dies beschreibt das Bühnenbild des Schauspiels.

5. Die Winkel zwischen den Planeten beschreiben das Verhältnis der Planeten zueinander: die „Ehe" (Konjunktion), die „Freundschaft" (Trigon), die „Gegensatz-Ergänzung" (Opposition), die „Trennung" (Quadrat) usw.

Dies entspricht dem Drehbuch bei einem Schauspiel.

6. In der Mitte des Horoskops steht das Bewußtsein, das Ich und lenkt die Vorgänge zwischen den Planeten, also die Ereignisse in der Psyche.

Dies entspricht dem Regisseur im Schauspiel.

7. Über dem Horoskop steht die Seele, die dieses Horoskop für ihr derzeitiges Leben ausgewählt hat, und die dem Ich hilft, die Vorgänge in seinem Leben zu verstehen.

Dies ist der Drehbuchautor, an den sich der Regisseur wenden kann, wenn er nicht mehr weiterweiß.

Anhand dieses astrologischen Rasters läßt sich nun betrachten, welche verschiedenen Aspekte der Tanz enthält.

III 1. Die zehn Planeten

Die zehn Planeten stellen die zehn Fähigkeiten eines jeden Menschen dar. Wenn man den Tanz von diesen zehn Fähigkeiten her betrachtet, findet man daher zehn verschiedene Arten der Motivation, aus denen heraus man tanzen kann, und somit auch zehn verschiedene Kräfte, die sich in dem Tanz ausdrücken können.

III 1. a) Mond

Der Mond ist das Innere, das Gemüt, die nächtlichen Träume, die Nähe, die Geborgenheit, die Lebenskraft, die Mutter …

Der Tanz kann aus der Lebenskraft heraus fließen, ein Ausdruck der augenblicklichen Stimmungen sein, die Suche nach Nähe zu anderen Tänzern, ein Ausstrahlen des Urvertrauens, eine Anrufung der Großen Mutter, das Erschaffen von Geborgenheit in der eigenen Gemeinschaft, die Darstellung eines Traumes aus der letzten Nacht, ein Ausdruck der Freude über den Tanz der Kundalini im eigenen Leib, ein Zeigen des Lächelns über den Fluß des Lebens …

III 1. b) Merkur

Der Merkur ist der Verstand, das Denken, die Sprache, die Logik, das Gespräch, das Forschen, die Neugier …

Der Tanz kann ein Gespräch zwischen zwei oder mehr Menschen sein, er kann eine Erkenntnis ausdrücken, er kann aus einem Konzept heraus entstehen, er kann eine Standortbestimmung sein, er kann eine Geschichte erzählen, er kann Fragen stellen, er kann ein Gedicht illustrieren …

III 1. c) Venus

Die Venus ist das Gefühl, die Bewertung, die Sympathie, die Antipathie, die Erotik, das Sehnen, die Schönheit …

Der Tanz kann ein Ausdruck der Schönheit sein, ein Geschenk der Anmut, ein Ausstrahlen der eigenen Liebe, ein Verführen, ein Flirten, ein Anziehen und Abstoßen, eine Selbsterforschung, ein Ausdruck der eigenen Gefühle …

III 1. d) Sonne

Die Sonne ist das Wollen, das Zentrum, das Ich, das Bestimmen, das Entscheiden, das Selbstwertgefühl, der Selbstausdruck, das Strahlen …

Der Tanz kann eine Suche nach sich selber sein, er kann Selbstausdruck sein, er kann Strahlen sein, er kann die Freude über die eigene Individualität sein, er kann ein Feiern der Eigenarten eines jeden Tänzers in dem Tanz sein, er kann eine Anrufung der Sonne sein, er kann die Seele in dem Tänzer bewußt werden lassen, er kann die ungehemmte Lebensfreude sein …

III 1. e) Mars

Der Mars ist die Haltung, die Bewegung, die Tat, das Tanzen, der Kampf, der Sport, das Lachen, das Weinen, die Gier, die Lust, die Wut, die Ekstase …

Der Tanz kann daher aus dem Bewegungsdrang entspringen, er kann die Freude an der eigenen Kraft sein, er kann die Steigerung in die Kampfeswut sein, er kann die Gier nach Leben ausdrücken, er kann allen das eigene Verlangen nach Sex verkünden, er kann die Kundalini wecken, er kann zu einer Vereinigung mit Shiva führen …

III 1. f) Jupiter

Der Jupiter ist das System, die Organisation, der Manager, das Ziel, das Reifen, das Genießen, das Wachstum, die Übersicht, das Leiten und Lenken …

Der Tanz kann Menschen eine neue Form lehren, er kann eine Gemeinschaft erschaffen, er kann den Tanz zum Lebensunterhalt werden lassen, er kann einen neuen Stil erschaffen, er kann sich selber in einen größeren Rahmen stellen, er kann aus einem System heraus getanzt werden …

III 1. g) Saturn

Der Saturn ist das Feste, das Beständige, die Grenze, das Erhaltende, das Harte, das Unnachgiebige, die Einsicht, das Gesetz, die Regel, die Richtigkeit …

Der Tanz kann einer Regel folgen, er kann einer Tradition entspringen, er kann einem Stil treu sein, er kann ein Ritual sein, er kann endlos wiederholt werden, er kann die immer gleiche Antwort auf eine immer wieder gestellte Frage sein, er kann über Jahrhunderte hinweg gleich bleiben, er kann Halt im Leben geben, er kann das Fundament in den Krisen sein, er kann der feste Boden im Leben sein …

III 1. h)   Uranus

Der Uranus ist das Unerwartete, das Neue, das Uralte, das Exzentrische, das Exorbitante, das Verrückte, die geniale Idee, die Erfindung, der Spleen, der Sprung in der Tasse, der Sprung über den Abgrund, die Verbindung von völlig Verschiedenem, die Intuition …

Der Tanz kann Tore öffnen, er kann Neues sichtbar machen, zu neuen Horizonten führen, Uraltes zu neuem Leben erwecken, Unerwartetes zeigen, neue Bewegungen entdecken, neue Bedeutungen finden …

III 1. i)   Neptun

Der Neptun ist die Phantasie, der Tagtraum, die Mystik, die Auflösung, die Drogen, die Meditation, die Anteilnahme, das soziale Engagement, das ökologische Bewußtsein, die Musik, die Romantik, die Sehnsucht, das Schweben zwischen den Dingen, das feine Gespür, die Kunst, das Erträumen wunderbarer Welten …

Der Tanz kann den Tänzer mit allem verbinden, er kann ihm Leichtigkeit geben, er kann ihn mit traumwandlerischer Sicherheit durch das Leben führen, er kann andere berühren und ihnen die Augen öffnen, er kann das Bewußtsein weiten, der romantischen Sehnsucht einen Ausdruck geben, er kann das Lächeln des Buddha in den Umraum strahlen lassen …

III 1. j)   Pluto

Der Pluto ist das Wesentliche, der Selbsterhaltungsdrang, die Intensität, die Verwandlung, die Essenz, der Ursprung und das Ziel, das Betreten von Neuland, die Häutung, die Metamorphose, das Innerste der Welt …

Der Tanz kann alles fordern und fördern, alles verwandeln, neue Welten betreten, die Intensität des Augenblicks zur Ekstase steigern, in einen Rausch der Klarheit führen, das Feuer der unbegrenzten Liebe entfachen, die Kundalini tanzen lassen, Gott in einem Sandkorn sichtbar werden lassen, die Götter herbeilocken, Shiva eine Freude machen, der Tanz kann den Tänzer ganz er selber werden lassen …

III 2.   Die zwölf Tierkreiszeichen

Die zwölf Tierkreiszeichen sind zwölf Stile. Daher können sie zwölf verschiedene Arten beschreiben, wie man dem Tanz begegnen kann und wie man den Tanz in dem eigenen Leben leben kann und was der Tanz für einen selber bedeuten kann.

III 2. a)   Widder

Der Tanz kann aus dem Augenblick heraus entstehen, den Augenblick ausdrücken, spontan sein, ganz im Hier und Jetzt sein, in jedem Augenblick wieder ganz frisch und neu sein …

Eine Eurythmistin, mit der ich befreundet bin, ist Widder und sie will nur das tanzen, was sie gerade fühlt und will, weil für sie alles anderes leer und eine Lüge ist. Das macht ein Eurythmie-Studium mit seinen vielen Vorschriften natürlich nicht gerade einfach …

III 2. b)   Stier

Der Tanz kann ein Genießen sein, das Erschaffen einer wohligen Umgebung, eine Einladung von allem Genußvollen, ein Zusammenstellen aller angenehmen Menschen und Dinge, ein Aufnehmen, ein Trinken, ein Genährtwerden, ein Schmücken, ein Verschönern, eine freundliche Geste, ein einladendes Lächeln …

Eine Schauspielstudentin, mit der ich des öfteren zum „Rauchfrei und Barfuß"-Tanzen gegangen bin, ist Stier. Sie tanzt, um zu genießen – sich und die anderen und die Musik und die Begegnungen und die Berührungen …

III 2. c)   Zwillinge

Der Tanz kann das Entdecken von Neuem sein, das Verdrehen des Üblichen, das Erproben des Unbekannten, das Öffnen einer Türe, der Spaß an der Vielfalt, die Freude an dem Bunten, das Necken mit dem Ungewohnten, ein unbekümmertes Hüpfen, eine Geste zwischendurch, ein kurzes Händereichen, eine neue Bewegung …

Eine andere ehemalige Eurythmiestudentin, die Zwilling ist und die ich schon sehr lange kenne, hat die Eurythmie mit Contact-Dance kombiniert – vor 25 Jahren, als derartige Kombinationen in Eurythmisten-Kreisen noch sehr verpönt waren. Sie macht die verschiedensten Dinge und gestaltet auch ihren Tanz immer weiter und nimmt die verschiedensten Anregungen auf.

III 2. d)   Krebs

Der Tanz kann das Innige sein, ein Ausdruck des Inneren, ein Zusammenführen der Gemeinschaft, ein Fest der Familie, ein vertrauenvolles Händereichen, eine Anrufung des Mondes, ein Ausdruck der Erinnerung an die eigene Geburt, eine Dankesfeier für das Geschenk der Geborgenheit in der Schwitzhütte, ein Tanz der Großen Mutter, ein Empfangen von Lebenskraft von der Erde …

Ich weiß nicht, ob Papafiu, mein Lehrer im afrikanischen Tanz, tatsächlich ein Krebs ist, aber er hat in dem Tanzkurs jedesmal wieder eine familiäre Atmosphäre erschaffen, in der sich jeder wohlgefühlt hat und in der wir immer viel gelacht haben und in der jeder so sein konnte, wie er war.

III 2. e)   Löwe

Der Tanz kann ein Fest des Ichs sein, ein Strahlen der eigenen Mitte, ein stolzes Löwen-Gebrüll, eine Selbstdarstellung, ein Kreistanz um einen König, ein Sonnentanz …

Die Spanierin Crystal Moreno, bei der ich spanischen Tanz gelernt habe, könnte ein Löwe gewesen sein – sie stand strahlend und von sich selber überzeugt vor ihren Schülern und Schülerinnen wie ein großes „Ich" mit drei Ausrufezeichen.

III 2. f)   Jungfrau

Der Tanz kann sorgfältig erarbeitet und vorbereitet sein, er kann detailreich und ausgefeilt sein, er kann die rechte Ordnung der Dinge widerspiegeln und sie allen wieder in Erinnerung rufen, er kann heilen, er kann gründlich erforscht worden sein, er kann aus präzisen Bewegungen bestehen, er kann eine deutlich sichtbare innere Logik haben …

Ein Aspekt der Jungfrau-Weise zu tanzen ist auch die Betrachtung aller Details und Strukturen des Tanzes – wie in diesem Buch …

III 2. g) Waage

Der Tanz kann harmonisch sein, er kann verbinden, er kann ausgleichen, eine Hymne an die Schönheit sein, Frieden schaffen, Menschen verbinden, Paare zusammenführen, Gegensätze sich als Ergänzungen begegnen lassen …

Meine Lieblings-Ballettlehrerin ist Iskra Zankova gewesen. So freundlich und diplomatisch wie sie ist, und soviel, wie sie immer von Herzen her lächelt, kann sie eigentlich nur eine Waage sein.
Sie hat auch niemals irgendjemanden getadelt und fast nie jemanden korrigiert. Stattdessen hat sie einen manchmal schmunzelnd angeschaut, aber nichts gesagt und dann den von ihr bemerkten Fehler so übertrieben nachgemacht, daß alle vor Lachen nicht mehr weitermachen konnte.
So haben wir bei ihr durch Freundlichkeit und Lachen gelernt und der Ballettsaal war, wenn sie unterrichtet hat, immer voller Leichtigkeit und Freude.

III 2. h) Skorpion

Der Tanz kann das innere Feuer wecken, er kann die Intensität steigern, er kann Polaritäten genießen, er kann Urbilder erwecken und hell brennen lassen, er kann an das Wesentliche erinnern, er kann ein erotisches Prickeln sein, er kann locken und verführen, er kann die Wut erwecken und den Krieg vorbereiten, er kann die eigene Kraft bejahen, er kann einen Mann zu einem Krieger und eine Frau zu einer Kriegerin machen …

Iris, die uns Schüler und Schülerinnen im Flamenco-Tanz unterrichtet hat, wenn ihre Lehrerin Crystal Moreno auf den Bühnen der Welt unterwegs war, ist sehr wahrscheinlich ein Skorpion – sie liebte die Spannung und den fast povozierenden Stolz der Spanier. Und das, was ich von ihr gelernt habe, ist vor allem die Körperspannung und die nach immer größerer Erlebnis-Intensität suchende Überzeugung von sich selber.

III 2. i) Schütze

Der Tanz kann klare und hohe Ziele haben, der Tanz kann das Ideal ausdrücken und die Menschen zu ihm führen, er kann von dem Guten zu dem Besseren führen, er kann Begeisterung wecken, er kann die Menschen in ihrem Streben nach dem Besten vereinen …

Wenn ich mich recht erinnere ist Sangeet, von dem ich das Fünf-Rhythmen-Tanzen gelernt habe, ein Schütze. Das paßt auch zu dieser Tanz-Form, bei der es darum geht, aus dem Hier und Jetzt durch eine Verwandlung zu einem besseren Zustand zu kommen.

III 2. j) Steinbock

Der Tanz kann das Altbewährte bewahren, er kann die Tradition lebendig halten, er kann Halt geben, er kann eine feste Form sein, er kann aus Leben-beschützenden Regeln bestehen, er kann vor allen Menschen aufgeführt werden, er kann an den eigenen Platz in der Welt erinnern …

Ich habe zwei Ballettlehrerinen gehabt: die eine, Iskra Zankova, war wie ein lächelnde Blüte voller Lebensfreude und voller Humor – die andere, Eleonore Matyssek, war hingegen wie ein strenger, unerschütterlicher Fels und hat fast nie gelächelt und hat stets auf die genaue Einhaltung der Regeln geachtet. Sie könnte gut ein Steinbock sein.

III 2. k) Wassermann

Der Tanz kann einem Konzept entspringen, er kann ein Mittel auf dem Weg zur Utopie sein, er kann die Gleichgesinnten in ihrem Streben bündeln, er kann ein allgemeingültiges Thema haben, er kann das Neue in das Hier und Jetzt holen, er kann verrückte Ideen zu Realität werden lassen …

In dem Bioladen, den ich 20 Jahre lang zusammen mit einigen anderen geleitet habe, habe ich eine Frau aus dem Nachbardorf kennengelernt, die mich zu indianischen Tänzen bei ihr eingeladen hat. Gut ein Jahr habe ich bei ihr in einer kleinen Gruppen einen Tanz der Cherokee-Indianerin Dhyani Ywahoo eingeübt. Diese Frau hat die Seminar-Reisen von Dhyani Ywahoo in Deutschland organisiert und sie begleitet.

Die Cherokee-Schamanin Dhyani Ywahoo hat die traditionelle indianische Religion mit dem tibetischen Buddhismus verbunden, nachdem sie festgestellt hatte, daß beide Weltanschauungen sehr viele Gemeinsamkeiten haben.

Der Tanz, den wir gelernt haben, bestand aus einfachen Schritten und Mustern, die wir im Raum gegangen sind und die wir mit indianischen und tibetisch-buddhistischen Gesten und Texten begleitet haben.

Dieser Tanz ist von Dhyani Ywahoo rund um das tibetische Herz-Sutra aufgebaut worden. Der bekannteste Satz aus diesem Sutra ist „Form ist Leere und Leere ist Form", womit gemeint ist, daß Gott und die Welt bzw. Bewußtsein und Materie letztlich dasselbe sind. Dieser Tanz hat als Ausrichtung die Einheit der Welt und die Selbstbesinnung.

Von seiner Dynamik und Gestik her und auch von seiner eher strengen Orientierung an Grundprinzipien gleicht er sehr der Eurythmie.

III 2. l)   Fische

Der Tanz kann mit dem Strom der Welt fließen und in ihrem Rhythmus ebben und fluten und wieder verebben, er kann alles aufnehmen was ihm begegnet, er hat keine Form und formt doch kaum merklich alle Dinge, er verbindet den Tänzer mit der Welt, er ruft die Götter in das Leben des Tänzers, er läßt die Tänzerin im Leben fließen …

Ich bin ungefähr zu derselben Zeit, zu der ich den Tanz von Dhyani Ywahoo gelernt habe, in eine anderes Nachbardorf zu einem Sufi-Fest eingeladen worden. Auf diesem Fest war eine Sufi-Frau, die den Gästen auf diesem Fest einen Teil der „Tänze des universellen Friedens" gelehrt hat.

Diese Tänze stammen aus den verschiedensten Kulturen und sind von den Mitgliedern des Sufis-Ordens, der von Hazrat Pir Innayat Khan geleitet wird, gesammelt worden und werden seit etwa 30 Jahren an vielen Orten gelehrt. Die Sufis sind die Mystiker im Islam.

Auf diese Weise habe ich einige neue indianische, afrikanische, arabische und japanische Lieder und Tänze dazugelernt. Dieses Teilhaben an allen Kulturen und Strömungen ist sehr typisch für das Sternzeichen Fische.

50

III 3.   Die zwölf Häuser

Die zwölf Häuser stellen zwölf Lebensbereiche dar. Daher kann man aus ihnen ableiten, an welcher Vielfalt von Orten und in welcher Vielfalt von Zusammenhängen getanzt werden kann.

III 3. a)   1. Haus

Man kann im Hier und Jetzt tanzen, da wo man gerade ist, in der lebendigen Gegenwart …

III 3. b)   2. Haus

Man kann im eigenen Wohnzimmer tanzen, in der gewohnten Umgebung, an dem Ort, an dem man sich sicher fühlt, an dem man unter bekannten Menschen ist, an dem man sich auskennt …

III 3. c)   3. Haus

Man kann an immer wieder neuen Orten tanzen, die Wirkung immer neuer Plätze erforschen, in immer wieder anderen Zusammenhängen tanzen, zusammen mit anderen Menschen …

III 3. d)   4. Haus

Man kann in der Familie tanzen, mit der Familie, mit der Dorfgemeinschaft, in einem Umfeld der Geborgenheit, im Tempel der Großen Mutter, zusammen mit den vertrauten Menschen …

III 3. e) 5. Haus

Man kann im Schloßsaal tanzen, in der Disco, im Zentrum der Menschen, auf dem erhöhten Platz, im eigenen Revier, in der Mitte der Welt …

III 3. f) 6. Haus

Man kann an dem Ort der Heilung tanzen, im Eurythmiesaal, im Raum der Tanztherapie, im Tempel, in der Klinik, im Sanatorium, am Kultplatz, im Hexenkreis …

III 3. g) 7. Haus

Man kann an dem Ort der Begegnung tanzen, im Tanzcafé, in der Disco, im Hardrock-Café, auf dem Dorffest, auf dem Volksfest …

III 3. h) 8. Haus

Man kann an dem Ort der Intensität tanzen, im Tempel, im Knast, in der Striptease-Bar auf der Pole-Dance-Bühne, auf dem Schlachtfeld, auf dem Friedhof, im Tantra-Workshop, im Kundalini-Kurs, auf dem Dorfplatz bei der Vorbereitung eines Krieges, im Lazarett bei einem Heilungstanz, auf dem Wacken Open Air Festival, auf der Insel vor dem Berserker-Zweikampf …

III 3. i) 9. Haus

Man kann an dem Ort der Ideale tanzen, auf einer Demo, bei einer Veranstaltung, auf dem Feuerwehr-Fest, zum Abschluß einer politischen Gründungsversammlung, auf einem Friedensfest …

III 3. j)   10. Haus

Man kann in der Öffentlichkeit tanzen, auf der Theater-Bühne, auf der Straße, auf der Bühne bei einem Rock-Konzert, auf dem Vorplatz des Buckingham-Palastes beim 100-sten Geburtstag der Queen-Mum …

III 3. k)   11. Haus

Man kann im Vereinslokal tanzen, im Saal des Karnevalsvereins, im Versammlungsraum des anthroposophischen Zweiges, in der Versammlungs-Halle der Feministen-Vereinigung, auf der Lichtung des Wicca-Covens, im Ashram eines Gurus, im Gebäude der Schützenbruderschaft …

III 3. l)   12. Haus

Man kann an jedem Ort tanzen, an der U-Bahn-Haltestelle, am Strand, auf dem Gipfel eines Berges, im Wald zusammen mit den Tieren, im Park zusammen mit den Bäumen, auf einer Wiese zusammen mit den Wolken …

III 4.   Die zwölf Aszendenten

Die zwölf möglichen Aszendenten sind die zwölf Tierkreiszeichen, die bereits beschrieben worden sind.

Ihre Deutung als „Sternzeichen" („Welches Sternzeichen bist Du?") und als Aszendentenzeichen unterscheidet sich zwar geringfügig, aber diese Unterscheidung bringt nichts Neues für die Betrachtung der verschiedenen Aspekte des Tanzes.

III 5.   Die acht Aspekte

Die acht Aspekte stellen geometrisch die möglichen Winkel und inhaltlich die möglichen Verhältnisse zwischen den Planeten dar. Diese Winkel finden sich mit denselben Qualitäten auch in der Physik wieder, was zeigt, daß sie sehr grundlegender Natur sind.

Sie stellen im Tanz acht verschiedene Arten des Verhaltens dar.

III 5. a)   Konjunktion

Die Konjunktion (0° Abstand) ist wie eine Ehe. Durch diesen Aspekt werden zwei Planeten ununterscheidbar miteinander verbunden.

Im Tanz stellt die Konjunktion die Konzentration dar, also die Fähigkeit, sich ganz auf das auszurichten, was man gerade macht, wo man ist, wie man sich bewegt, wer noch um einen herum da ist, die Fähigkeit sich selber treu zu bleiben …

> *Während ich studiert habe, habe ich beim Studium universale auch klassisches Ballett belegt. Der Dekan dieser Abteilung war mit einer indischen Tempeltänzerin befreundet, die meistens in Paris gelehrt hat, und hat sie einmal eine langes Wochenende nach Bonn eingeladen, sodaß auch wir Ballettschüler und -schülerinnen erleben konnten, wie sich indischer Tempeltanz anfühlt.*
>
> *Die Vorbereitungen für die Shiva-Anrufung, die wir eingeübt haben, war das Anspruchsvollste, was ich jemals im Tanz gelernt habe: zunächst einmal die extrem große Körperbeherrschung und Gelenkigkeit, dann der fließende Wechsel von den rhythmischen Teilen zu den eher pantomimischen Teilen des Tanzes und dann die vielen Mudras (Handhaltungen), die für mich auch sehr ungewohnt waren, da ich meine Hände bis dahin im Tanz kaum als Ausdrucksmittel benutzt hatte.*
>
> *Dieser Tanz mit seinen vielen ungewohnten Haltungen und Bewegungsabläufen hat alles an Bereitschaft und Konzentration erfordert, was wir aufbringen konnten. Schon die Grundhaltung des tanzenden Shiva, wie sie auf vielen seiner Statuen zu sehen ist, war nicht leicht zu halten ... und dann mußte sie auch noch innerlich mit dem „Feuer des Shiva", also mit seiner Lebenskraft gefüllt werden ...*
>
> *Aber bei aller Anstrengung ist das eines meiner Erlebnisse, die ich auf keinen Fall missen möchte.*

III 5. b)   Trigon

Das Trigon (120° Abstand) ist wie eine Freundschaft. Durch diesen Aspekt werden zwei Planeten fest verbunden, aber sie können beide aufgrund ihres verschiedenen Temperamentes (Tierkreiszeichen) und ihrer verschiedenen Ausrichtung in der Welt (Haus) unterschieden werden.

Das Trigon ist die Fähigkeit, feste Verbindungen einzugehen, tragfähige Vereinbarungen zu treffen, sich aufeinander verlassen zu können, Dinge gemeinsam zu tun, den anderen mit im Bewußtsein zu haben …

Während der zweiten Hälfte meiner Ballett-Zeit habe ich mit einer der Tänzerinnen Freundschaft geschlossen. Es war immer eine Freude, Elena zu treffen und wir haben uns auch außerhalb des Balletts über das Leben und was wir eigentlich wollen, unterhalten. Mit dieser Ballettfreundin habe ich auch heute noch Kontakt.

III 5. c)   Sextil

Das Sextil (60° Abstand) ist wie eine Bekanntschaft. Durch diesen Aspekt werden zwei Planeten lose verbunden – sie können wählen, ob sie etwas alleine oder gemeinsam tun und sie können sich jederzeit gegenseitig zu Hilfe holen oder wieder gehen.

Das Sextil ist die Fähigkeit, im Tanz Gruppen zu bilden und wieder aufzulösen, sich zu versammeln und gemeinsam etwas zu erschaffen, sich wieder aus der Gemeinschaft zu lösen, wenn man ein anderes Ziel verfolgen will, sich darüber zu freuen, daß man seinen Tanz in Gemeinschaft tanzen kann …

Eine meiner beiden Ballettlehrerinnen, Iskra Zankova, ist Rumänin. Sie hat mit uns zu Beginn des Unterrichts zum Aufwärmen oft rumänische Volkstänze gemacht. Dabei habe ich sehr oft mit Andrea zusammengetanzt, da wir uns im Tanz mühelos miteinander verstanden haben und oft zusammen gelacht haben.

Wir haben uns allerdings nie außerhalb des Balletts getroffen oder miteinander über irgendetwas anderes als das Tanzen gesprochen.

III 5. d)   Halbsextil

Das Halbsextil (30° Abstand) ist wie eine zufällige Begegnung. Durch diesen Aspekt können sich zwei Planeten gelegentlich gegenseitig anregen.

Das Halbsextil ermöglicht es dem Tänzer, Anregungen von anderen aufzunehmen und sie umzuwandeln und in das eigene Repertoire mitaufzunehmen, andere zu inspirieren und inspiriert zu werden, die eigenen Wurzeln zu finden, die eigenen möglichen Früchte zu erkennen, zu empfangen und weiterzugeben …

Im spanischer Tanz habe ich viele Anregungen für meine allgemeine Lebenshaltung erhalten – diese feurige, selbstbewußte Grundhaltung ist mir damals noch sehr fremd gewesen, aber ich konnte erkennen, daß sie etwas sehr Wertvolles für mich sein könnte.

Wirklich begriffen habe ich das an der Armhaltung im Flamenco, die zunächst beim Zuschauen sehr unauffällig ist, aber die einen großen Teil des Ausdrucks in diesen Tanz bringt.

Wenn man die Arme zur Seite ausstreckt und dann die Unterarme leicht nach vorne und unten ausstreckt, kann das sehr verschieden aussehen: wie ein müder, an den Ellenbogen eingeknickter Arm, wie ein hängender Ast, wie das Horn eines Büffels … Die angestrebte Haltung sind jedoch die „Adler-Arme“: die Schultern sind unten, die Arme sind gespannt und drücken nach unten, die Finger sind die äußeren Flügelfedern … man erhebt sich mithilfe seiner Adler-Arme in die Lüfte empor.

In dieser Haltung liegt Stolz und Kraft und Selbstbewußtsein … wenn man diese Haltung einmal emotional begriffen hat, kann man sie auch einnehmen und die Kraft in ihr spüren und im Tanz ausdrücken.

Und man kann sie in jeden Bereich des Lebens übertragen.

III 5. e)   Opposition

Die Opposition (180° Abstand) ist ein Ergänzungs-Gegensatz. Durch diesen Aspekt entsteht ein Schwingen zwischen zwei Planeten, die sich in ihrer Tätigkeit und dem Prägen der Situation abwechseln und dabei Hand in Hand arbeiten und sich in ihrer Gegensätzlichkeit zu einem größeren, pulsierenden Ganzen ergänzen.

Die Opposition ermöglicht es dem Tänzer zwischen extrovertierten und introvertierten Phasen zu wechseln, mal zu führen und mal geführt zu werden, mal zu nehmen und mal zu geben, in sich selber und mit der Musik zu schwingen, links und rechts auszugleichen, die Spannung zwischen sich und dem anderen zu genießen …

Vor etlichen Jahren bin ich abends mit dem Zug von Köln nach Roisdorf gefahren. In dem Abteil saßen mir gegenüber zwei Afrikanerinnen, von denen die eine der anderen ihren Photoapparat erklärte. Dabei hielt sie ihn zufällig so, als ob sie mich photographieren würde. Als wir das alle drei gleichzeitig bemerkten, mußten wir ziemlich lachen. Als wir dann ins Gespräch kamen, erzählten sie mir, daß sie zu einem afrikanischen Konzert in Bad Godesberg fuhren. Da habe ich natürlich sofort gefragt, ob das traditionelle afrikanische Musik ist und ob man da auch tanzen kann. Da sie der Meinung waren, daß das so sei, bin ich kurzerhand mitgefahren.

Auf dem Konzert waren fast ausschließlich Afrikaner. Die ersten eineinhalb Stunden saßen alle still auf ihren Stühlen und haben der Musik zugehört, aber dann fingen die ersten an zu tanzen. Da bin ich dann auch nach vorne vor die Bühne gegangen und habe mitgetanzt. Erst habe ich eher unauffällig getanzt – aber das halte ich nie lange durch und habe dann angefangen so zu tanzen wie ich es bei den Kalifis gelernt habe. Es gab zwei, drei andere Tänzer, die ebenfalls die traditionelle afrikanische Art zu tanzen kannten.

Einer von ihnen und ich haben uns mehrmals zugelacht und schließlich haben wir angefangen, miteinander zu tanzen. Mit ihm konnte ich eine gute Spannung aufbauen.

Es gibt Arm-Bewegungen, die die Kraft der Erde heraufrufen – das ist umgefähr wie ein „Emporschaufeln".

Mit einer anderen Armbewegung kann man eine Spannung zwischen sich und dem anderen aufbauen. Dabei hält man die Handflächen auf den anderen gerichtet und macht wie kleine Stöße auf ihn zu, wobei man die Lebenskraft zwischen den eigenen Handflächen und denen des anderen, der dasselbe macht, wie einen Druck empfinden kann. Mit dieser Bewegung „schiebt" man die Lebenskraft zu dem anderen oder in die Mitte zwischen sich und dem anderen.

Bei dem Aufbau der Spannung macht man abwechselnd keine Schritte auf den anderen zu und dann wieder von ihm fort.

Zwischendurch macht man dann Kreisbewegungen oder Bewegungen nach den vier Himmelsrichtungen, um sich wieder in sich selber zu verankern.

Man kann auch ab und zu beim Stampfen in die Knie gehen und immer kleiner werden und sich der Erde annähern – ähnlich wie beim Kosaken-Tanz. Danach macht man sich dann nach und nach wieder immer größer und streckt die Arme zum Himmel empor.

Dann gibt es noch allerlei neckende Tanzbewegungen wie den anderen mit Zeigefinger-Bewegungen herbeilocken und danach dann ein schnelles Rückwärtsstampfen, bei dem man die Hände ausschüttelt.

Der Tanz mit diesem Afrikaner hat ziemlich großen Spaß gemacht.

III 5. f) Quadrat

Das Quadrat (90° Abstand) ist wie eine Zeltstange, die einen Raum aufspannt. Dieser Aspekt trennt zwei Planeten, die dabei jedoch aufeinander bezogen bleiben.

Das Quadrat ermöglicht es dem Tänzer, einen Tanz zu beginnen und ihn auch wieder zu beenden, seinen Stil zu wechseln, vom Tanzen zum Trommeln zu wechseln und wieder zurück, sich gegen andere abzugrenzen und seinen eigenen Stil im Widerspruch zu dem der anderen zu tanzen, eigenständig zu werden und zu bleiben …

Ich habe in Köln einmal einen „Fünf-Rhythmen-Tanz"-Workshop bei Sangeet mitgemacht.

Nachdem wir schon viele verschiedene Dinge gemacht hatten, gab es eine Runde, in der wir alle im Kreis getanzt haben und nacheinander immer einer von uns in die Mitte gegangen ist und dort sich selber getanzt hat.

Es fühlte sich für mich aber überhaupt nicht passend an, das zu machen. Deshalb habe mich zurückgehalten. Schließlich fingen die andern an mich immer mehr zu drängen, jetzt auch in die Mitte zu gehen und dort zu tanzen, aber ich habe mich geweigert. Das hat einen ziemlichen Druck und Streß in dem Tanzsaal entstehen lassen, weil alle fanden, daß ich jetzt mir selber zuliebe in der Mitte tanzen solle. Zum Glück habe ich es aber geschafft, mir treu zu bleiben und mich zu weigern – ich will nur das tanzen, was aus mir fließen will und mich zu nichts zwingen lassen. Ich habe mich mit Sangeet fast gestritten – die anderen fanden, daß ich bockig wie ein kleines Kind sei und nicht sehen würde, was gut für mich ist …

Einige Monate später bin ich mit meiner Freundin in Freiburg zu einem Fünf-Rhythmen-Tanz gegangen, den wieder Sangeet geleitet hat. Als er bei der Einführung erzählt hat, was der fünf-Rhythmen-Tanz ist, hat er mich gesehen und ist auf mich zu gekommen und hat mich fest umarmt. Das hat gut getan – da habe ich gespürt, daß er wohl über den Workshop in Köln nachgedacht hat und mein Verhalten inzwischen in Ordnung fand. Und er hat gemerkt, daß ich ihm wegen unserer Auseinandersetzung nicht gegrollt habe.

Das hat gut getan – zu sehen, daß die Treue zu mir selber und der Widerstand gegen den gut gemeinten Druck der anderen nicht zu einer dauerhaften Entfremdung geführt hat, sondern zu einer gegenseitigen Wertschätzung.

III 5. g)   Quincunx

Das Quincunx (150° Abstand) ist ein ständiges Neugestalten. Durch diesen Aspekt stehen zwei Planeten in einem ständigen Austausch miteinander, der beide Planeten ständig weiterentwickelt.

Das Quincunx ermöglicht einem Tänzer, jederzeit auf eine veränderte Situation einzugehen, sich treu zu bleiben ohne dabei hart und stur zu werden, alles Neue mit in den eigenen Tanz aufzunehmen, mit verschiedenen Partnern und Gruppen tanzen zu können, sich selber immer wieder neu zu entdecken …

Meine ersten Tänze habe ich als Jugendlicher bei mir zuhause im Wohnzimmer meiner Eltern gemacht – wenn meine Eltern und Geschwister alle fort waren. Dafür hatte ich mir ein langes weißes Gewand mit weiten Ärmeln genäht und zu klassischer Musik aus dem Radio schreitende, fließende, „schwebende" Bewegungen gemacht – einfach das, was aus mir als Bewegungsimpuls hervorkam. Als ich Jahre später einmal Eurythmie gesehen habe, habe ich mich gewundert, wie ähnlich mein eigener Tanz der Eurythmie war.

Danach habe ich dann einige Jahre lang klassisches Ballett an der Bonner Uni gelernt – in den Semesterferien oft über 14 Stunden pro Woche. Unsere Lehrerin Iskra Zankova konnte genauso wie wir nicht genug vom Tanzen bekommen und ist in den Ferien einfach so oft gekommen, wie wir alle wollten. Diese Zeit hat meinen Tanz um viele Bewegungen und vor allem um Drehungen und Sprünge erweitert, die ich vorher noch gar nicht gekannt hatte.

Da ich ein bißchen weltfremd großgeworden bin und besser wußte, wie sich Wildschweine verhalten als wie ein Cassettenrekorder funktioniert, bin ich auch als Jugendlicher nie in einer Disco gewesen. Aber gegen Ende meiner Ballettzeit habe ich das dann auch ausprobiert und schnell Spaß daran gefunden, wild und improvisiert zu tanzen. Dieses Tanz-Gefühl war völlig anderes als meine eigenen Tänze und das klassische Ballett.

Der indische Tanz, über den ich schon erzählt habe, fand auch an der Bonner Uni statt. Durch diesen Tanz habe ich deutlich spüren können, daß der Tanz auch eine religiöse und magische Seite hat – das habe ich damals allerdings nur sehr vage geahnt.

Zur selben Zeit habe ich auch bei Crystal Moreno mit spanischen Tanz begonnen – auch an der Bonner Uni. Da Moreno nur selten in Bonn war, haben wir in den Zeiten zwischen Morenos Stunden bei ihrer Schülerin Iris weitergelernt. Dadurch habe ich den Stolz und das Feuer im Tanz kennengelernt – zwei Qualitäten, die mir damals noch ziemlich fremd waren.

Als nächstes habe ich dann auch die Standardtänze gelernt – Walzer, Foxtrot, Tango und ähnliches. Das war bei einem Kurs an der anthroposophischen Alanus-Kunsthochschule in Alfter, in der ein Architektur-Student und eine Eurythmie-Studentin diesen Kurs für alle angeboten haben. Das fand ich zwar ganz nett (insbesondere das gemeinsame Tanzen), aber ich habe keine Möglichkeit gesehen, in diese Tänze das einfließen zu lassen, was ich bin und was ich ausdrücken will.

Einige Zeit später habe ich dann bei den Kalifis afrikanischen Tanz gelernt, wodurch ich noch einmal eine ganz andere, erdhafte Qualität im Tanz kennengelernt habe. Neben dem Ballett hat mich der afrikanische Tanz am stärksten geprägt. Die Kombination der beiden ist wie ein guter Hardrock-Song, der sowohl einen kräftigen Rhythmus hat als auch eine gefühlvolle Melodie – die Beine stampfen dann den Rhythmus und die Arme schweben mit der Melodie dahin ...

Viel später habe ich im Schloß Alfter an einem Salsa-Kurs teilgenommen, der wieder von den Kunststudenten organisiert worden war. Ich habe allerdings schnell gemerkt, daß das Grundgefühl, das der Salsa, der argentinische Tango und ähnliche Tänze ausdrücken, in mir kein Echo findet. Ich konnte diese Tänze nicht aus einem Gefühl heraus tanzen, sondern nur die Schrittfolge auswendig lernen – und das macht keinen Spaß ...

So haben sich immer wieder neue Elemente in meinen Tanz eingefügt und ihn bereichert, wobei er doch im Grunde immer mein eigener Tanz geblieben ist – die Bereicherungen haben mir mehr Möglichkeiten gegeben, die ich dann im Tanz benutzen konnte, aber sie sind nicht der Inhalt meines Tanzes geworden.

Hin und wieder sind auch aus mir selber heraus neue Tanzelemente entstanden. Vor einigen Jahren bin auf der Insel La Palma wandern gewesen und habe in Los Llanos eine Disco entdeckt und bin dort tanzen gegangen. Es stellte sich heraus, daß die Disco eine stillgelegte Kirche war – mit dem Disc-Jockey oben auf der Kanzel ... Ich habe erst so getanzt wie ich das sonst zu dieser Zeit auch getan habe, aber dann kam plötzlich wie eine andere Qualität, Stimmung und Spannung in mich, die ich dann getanzt habe. Sie war viel markanter als das, was ich sonst tanze, und feuriger, aber auf eine sehr erdhafte und archaisch-erotische Weise. Ich kann das am ehesten als einen Pan-Tanz beschreiben. Ich hatte das Gefühl, daß ich durch diesen Tanz eine halbverschüttete Seite von mir wiederentdeckt habe – das hat richtig gut getan und war eine große Bereicherung!

III 5. h) Solo

Das Solo ist das Fehlen jeglicher Aspekte eines Planeten zu den anderen Planeten. Durch diese „Isolation" entwickelt sich ein Planet ganz aus sich selber heraus und nimmt keine Anregungen von außen an und gibt auch keine weiter, sondern wächst aus sich heraus zu einer unabhängigen „reinen Gestalt", die nur aus sich selber heraus entstanden ist.

Das Solo ermöglicht dem Tänzer, sich den eigenen Ansatz und den eigenen Stil zu bewahren und sich in jeder Situation daran erinnern und spüren zu können, wer er selber ist, was er tun will und wie er dies tun will …

Vor ca. 15 Jahren bin ich mit meiner damaligen Freundin und einer gemeinsamen Bekannten in Offenburg in die Disco gegangen. Wie meistens habe ich erst einmal eine Weile herumgestanden und und habe mir alles angesehen und bin nach und nach mit dem Raum „warm geworden".

Schließlich bin ich auf die Tanzfläche gegangen und habe angefangen zu tanzen und bin dabei immer wilder und kreativer geworden und habe einfach gemacht, was mir gerade so kam – ein buntes Gemisch von Impulsen.

Nach einer Weile kam ein anderer Tänzer auf mich zu und hat wild gestikulierend und mit wilden Grimassen direkt vor mir getanzt. Ich habe mich gefreut und gelacht und habe seine Bewegungen aufgenommen und bin wie Rumpelstilzchen um ihn herumgewirbelt. Da hat auch er immer wilder getanzt und wir haben uns gegenseitig gesteigert, immer verrücktere Bewegungen zu machen. Das hat echt Spaß gemacht!

Schließlich ist er wieder gegangen und ich habe noch eine Weile weitergetanzt – jetzt ein bißchen ruhiger.

Als ich dann wieder zu meiner Freundin und unserer Bekannten zurückgegangen bin, haben sie mich beide groß angeschaut, aber ich wußte nicht so recht warum.

Wenig später sind wir dann rausgegangen und ich habe dem Tänzer noch lächelnd zugewunken, der zusammen mit seinen Freunden in einer Ecke stand.

Schließlich hat meine Freundin mich gefragt, ob ich eigentlich gar nicht gemerkt habe, daß der Tänzer mich aus der Disco vertreiben wollte. Daraufhin habe ich sie nur ratlos angeschaut und ihr gesagt, daß wir doch zusammen viel Spaß gehabt haben.

Da haben die beiden mir erzählt, daß sie beobachtet haben, daß alle in der Disco nur auf mich geschaut haben – was ich überhaupt nicht bemerkt habe. Das hat den Jungs aus dem Dorf, in dem wir in der Disco waren, überhaupt nicht gepaßt, weil sie wollten, daß die Mädels nach ihnen schauen. Deshalb haben sie sich beraten, wie sie mich loswerden könnten, woraufhin dann einer von ihnen zu mir gegangen ist, um mich in meinem Tanzen so sehr zu stören, daß ich verschwinde.

Tja, von all dem habe ich überhaupt nichts gemerkt, weil ich ganz bei mir gewesen bin ...

III 6.   Das Ich

Das Ich, das Bewußtsein, das sich seiner selber bewußt ist, der Regisseur, der Kapitän des Schiffes ist das kleine leuchtende Licht „in der Mitte des Kopfes", das sich zwischen eine Wahrnehmung und eine Reaktion einschaltet und innehält und sich über die Situation bewußt wird. Dieses Ich ermöglicht es, Entscheidungen zu treffen und nicht nur reflexhaft zu reagieren.

Dieses wache Ich ist auch im Tanz das lenkende Element. Man spürt das Schwingen des Tanzes, den Rhythmus und die Melodie der Musik, man sieht die Bewegungen der anderen Tänzer – aber man kann jederzeit entscheiden und bestimmen, wie man sich bewegt.

Dieses Ich ist auch der Teil im Menschen, der entscheidet, was und wie man tanzt. Dieses Ich nimmt die Motivation wahr und trifft eine Entscheidung – diese Motivation zu tanzen, sie zu malen, ein Gedicht über sie zu schreiben, sie jemandem zu erzählen, darüber zu meditieren, sie durch eine Tat zu realisieren oder sie sich zu merken und ihre Verwirklichung auf später zu verschieben.

Dieses Ich verhindert, daß man sich selber untreu wird und deshalb stolpert – und es hilft, daß man, wenn man gestolpert ist, wieder in den eigenen Rhythmus und in die eigene Melodie zurückfindet.

III 7.   Die Seele

Die Seele ist das, was die eigene derzeitige Inkarnation beschlossen und den eigenen Leib und die eigene Psyche erschaffen und das eigene Horoskop ausgewählt hat. Man kann die eigene Seele in Traumreisen und in Meditationen erleben – und sie kann mit der Zeit und etwas Übung zu einer Selbstverständlichkeit im eigenen Leben werden.

Sie ist letztlich das, was man in dem eigenen Leben ausdrücken will, was sich durch die derzeitige Inkarnation selber erleben will, was das derzeitige Horoskop erforschen will …

Daher ist die eigene Seele letztlich auch die Quelle eines jeden Tanzes – aus ihr stammen all die verschiedenen Motivationen, die man tanzen kann.

Als ich schon einige Zeit bei den Kalifis getanzt und verschiedene traditionelle Tänze kennengelernt hatte, habe ich Papafiu gefragt, ob er uns nicht mal einen Sonnentanz beibringen könnte.

Er meinte, daß er das zwar könne, aber da sein Onkel in Afrika Medizinmann ist, müßte Papafiu dessen Nachfolge antreten, wenn er damit beginnt, anderen Tänze wie den Sonnentanz beizubringen – aber er habe keinerlei Lust, sich wie sein Onkel den ganzen Tag mit all den Magiern herumzuschlagen, die ständig alles mögliche verhexen.

Das Argument habe ich eingesehen, aber ich fand es trotzdem sehr schade – so nah an einem Sonnentanz zu sein und ihn dann doch nicht kennenlernen können …

IV Die fünf Epochen

Nach der Betrachtung der verschiedenen Elemente des Tanzes (Leib, Umraum, Anzahl der Tänzer usw.) und der Aspekte des Tanzes (astrologische Betrachtung der Vielfalt) kann man nun noch eine dritte Betrachtung anstellen, bei der die historische Entwicklung des Tanzes in den großen Zügen betrachtet wird.

Dadurch werden die Wurzeln des Tanzes und seine Verwandlungen und seine Entfaltung deutlich.

Dabei werden hier die fünf bisherigen geschichtlichen Epochen betrachtet, die der Biographie eines Menschen entsprechen.

Diese Epochen sind:

1. In der Altsteinzeit hat der Mensch als Teil der Natur in der Natur gelebt. Dies entspricht dem Säugling, der ganz in Kontakt mit der Mutter lebt. Diese Haltung ist ein „Ja" zu allem, was ist. Freud nennt dies die „orale Phase". Astrologisch gesehen entspricht diese Phase dem Mond.

2. In der Jungsteinzeit lebt der Mensch im Rhythmus der Jahreszeiten im Ackerland in Abgrenzung zu der Wildnis. Dies entspricht dem Kleinkind, das laufen kann und das nun auch „nein" sagen kann und in dem von den Eltern vorgegebenen Rhythmus lebt, der ihm Halt gibt. Diese Haltung ist ein „Nein!" zu allem, was unangenehm ist. Freud nennt dies die „anale Phase". Astrologisch gesehen entspricht diese Phase dem Merkur und der Venus.

3. Im Königtum lebt der Mensch in einer zentralistischen Welt mit dem König an der Spitze der Gesellschaft, Gott an der Spitze der monotheistischen spirituellen Hierarchie, und der Ur-Wahrheit an der Spitze der Philosophie. Dies entspricht dem Kind, das gelernt hat „ich" zu sagen und eine eigene Meinung zu haben. Diese Haltung ist das Stehen in der Welt mit einem lauten und strahlenden „Ich!!!". Freud nennt dies die „phallische Phase". Astrologisch gesehen entspricht diese Phase der Sonne.

4. Im Materialismus ist die Welt zum Objekt des Menschen geworden und er steht ihr gegenüber und erforscht und nutzt sie. Dies entspricht dem Jugendlichen in der Pubertät, der seine Fähigkeiten erprobt und dem anderen Geschlecht neugierig gegenübersteht. Diese Haltung ist ein fragendes „Du?" Freud nennt dies die „genitale Phase". Astrologisch gesehen entspricht diese Phase dem Mars und dem Jupiter.

5. In der <u>derzeitigen Epoche</u> wird die Welt als ein Ganzes erkannt, in dem alles miteinander verbunden ist und in der daher der Einzelne das Vertrauen in das Ganze braucht und das Ganze auch die Verantwortung des Einzelnen braucht. Dies entspricht dem <u>Erwachsenen</u>, der eine Familie gegründet hat und nun für die Familie als ganzes entscheidet und handelt. Diese Haltung ist ein entschiedenes „Wir." Dies könnte man entsprechend den Freud'schen Bezeichnungen „adulte Phase" nennen. Astrologisch gesehen entspricht diese Phase dem Saturn.

Die Prägung des Tanzes durch diese fünf Phasen wird im Folgenden näher betrachtet.

In der Zukunft wird es noch mindestens zwei weitere Phasen geben:

6. In der „Zukunft 1" werden immer neue stabile Zustände der Welt erforscht und erprobt. Dies entspricht dem <u>reifen Erwachsenen</u>, dessen Kinder schon eigenständig geworden sind und der nun die Welt erforscht und sein Wissen und seine Fähigkeiten als Lehrer an Jüngere weitergibt. Diese Haltung ist ein forschendes „<u>Anderes …</u>". In Anlehnung an Freud könnte man dies die „tutorale Phase" nennen. Astrologisch gesehen entspricht diese Phase dem Uranus und dem Neptun.

7. In der „Zukunft 2" wird die Welt als eine große Einheit erlebt. Dies entspricht dem <u>Greis</u>, der die Wurzel der Welt und des Lebens zu erfassen beginnt. Diese Haltung ist ein in der Welt ruhendes „<u>Alles</u>". In Anlehnung an Freud könnte man dies die „geronte Phase" nennen. Astrologisch gesehen entspricht diese Phase dem Pluto.

Die Entwicklung des Menschen und der Menschheit als Ganzes läßt sich somit durch die folgenden sieben Worte beschreiben: „Ja" – „Nein!" – „Ich!!!" – „Du?" – „Wir." – „Anderes …" – „Alles"

Ein Lebenslauf: Man ruht in dem, was da ist – man grenzt sich gegen das Unangenehme ab – durch das 'ja' und das 'nein' erkennt man sich selber als das urteilende Ich – das Ich kann Kontakt zu einem Du aufnehmen – beide gründen eine feste Form, eine Familie, ein 'wir' – dann lernt man das kennen, was darüber hinausgeht – und schließlich erfaßt man das Ganze.

IV 1. Altsteinzeit

Über die Tänze in der Altsteinzeit ist nicht viel bekannt. Es gibt mehrere Höhlenmalereien eines Stiertänzers und eine Höhlenmalerei eines Hirschtänzers – also von Männern mit den Hörnern eines Stieres bzw. dem Geweih eines Hirsches auf ihrem Kopf. Daneben gibt es noch einen stehenden Mann mit einem Pantherkopf.

Anscheinend haben sich die Menschen in der Steinzeit mit den Fellen und anderen Körperteilen der Tiere, die sie darstellen wollten, maskiert und dann getanzt. Am Niederrhein ist der obere Teil eins Hirschschädels mit Geweih aus der späten Altsteinzeit (7000 v.Chr.) gefunden worden, in den mehrere Löcher gebohrt worden sind – vermutlich hat man sich diesen Hirschschädel auf den Kopf gebunden.

Man wird davon ausgehen können, daß die damaligen Menschen sich durch den Tier-Maskentanz mit diesem Tier identifiziert haben werden. Wahrscheinlich werden sie sich erhofft haben, durch den Tier-Tanz auf magische Weise die Fähigkeiten des betreffenden Tieres zu erlangen – der Panther-Mann z.B. die Fähigkeit, auch die schnellen Antilopen fangen zu können.

Eine andere Motivation könnte gewesen sein, das eigene Krafttier zu tanzen und dadurch dessen Präsenz in sich selber zu verstärken und dessen Fähigkeiten in sich selber auszubilden – diese Tänze können dann so ähnlich sein wie mein spontaner Wolfs-Tanz bei dem Rainbow-Camp, den ich schon beschrieben habe. Bei Naturvölkern gibt es jedoch teilweise auch feste Rituale, bei denen das eigene Tier getanzt wird.

Man wird sich diese Tänze durchaus von Musik begleitet vorstellen dürfen – aus der späten Altsteinzeit sind zum einen mehr als fünfzig Flöten aus den Flügelknochen von Geiern bekannt und zum anderen werden die Menschen durch das Schlagen auf einen hohlen Baumstamm oder auf ein Fell, das man zum Gerben aufgespannt hatte, schon früh die Trommel entdeckt haben.

Das Weltbild der Altsteinzeit wird der untersten Verarbeitungs-Schicht der Psyche entsprechen, die aus Assoziationen besteht und die die Grundlage der Lernfähigkeit durch Konditionierung bzw. durch Erinnerung ist. Entsprechend dieser Form der Verarbeitung der Erlebnisse wird man den Kontakt mit dem gesucht haben, was man angestrebt hat – und sich daher vor der Jagd mit einem Panther identifiziert haben.

Man kann die Tänze dieser Epoche als Lebenskraft-Tänze auffassen – durch die Verbindung mit den getanzten Tieren fließt deren Lebenskraft zu dem Tänzer. Diese Tänze sind ganz direkt auf das Leben-wollen ausgerichtet – die Schnelligkeit und Stärke des Panthers gibt dem Jäger eine erfolgreiche Jagd und Nahrung für seine Familie …

Tiertänzer aus der späten Altsteinzeit

Löwenmann
33.000 v.Chr.

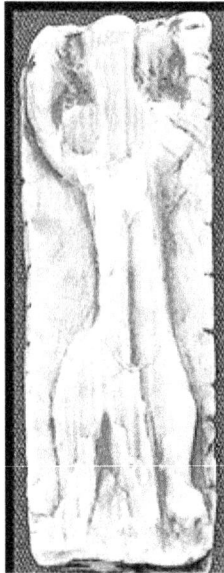

Mann mit
Raubtierfell (?)
33.000 v.Chr.

Hirschtänzer
28.000 v.Chr.

Stiertänzer
23.000 v.Chr.

Stiertänzer
23.000 v.Chr.

Tänzer (?), 11.000 v.Chr., Sizilien

Diese Ebene des Tanzes gibt es natürlich auch heute noch – man wählt aus, was und evtl. mit wem man tanzen will, man kann Tänze mit einer beabsichtigten magischen Wirkung tanzen, man kann sich im Tanz mit Mutter Erde verbinden und man kann durch den Tanz die Lebenskraft und die eigene Lebendigkeit spüren und den Fluß des Lebens wieder bejahen und in ihn eintauchen.

Ich bin vor inzwischen vielen Jahren einmal unglücklich verliebt gewesen und solche Gefühle suchen sich ja manchmal die seltsamsten Möglichkeiten, um sich auszudrücken. Bei einem Besuch bei der betreffenden Frau habe ich auf einmal das heftige Bedürfnis bekommen, auf einem Vulkan zu trommeln – und habe nicht erkannt, daß das eine Übertragung meiner unerfüllten Wünsche gewesen ist ...

Also habe ich mir eine Trommel ausgeliehen und bin von Gütersloh nach Sizilien zum Ätna getrampt. Als ich da angekommen bin, habe ich als erstes einmal festgestellt, daß der Ätna doch ganz schön groß ist. Ich habe einein- halb Tage gebraucht bis ich oben am Kraterrand angekommen war. Als ich da über den Rand geblickt habe, habe ich eine kleines Tal von 100 bis 200m Durchmessern erwartet, aber nicht einen riesigen Krater, der mehrere Kilo- meter breit war.

Dann habe ich gesehen, daß der höchste Punkt des Kraterrandes weiter rechts von mir war – vielleicht drei oder vier Kilometer entfernt. Also bin ich am Kraterrand weitergelaufen. Dann bin ich an eine hohe Felswand gekom- men, an der ich entweder wieder ziemlich weit außen am Hang hätte hinab- steigen müssen, wozu ich aber wenig Lust hatte, oder aber innen an dieser Felswand auf dem Geröll hätte weiterlaufen können.

Leichtsinnigerweise habe ich mich für die zweite Möglichkeit entschieden – wenn einem die eigentliche Motivation für die eigenen Taten nicht bewußt ist, macht man manchmal komische Dinge ...

Nach ein paar Schritten auf dem Geröll habe ich meinen Fehler bemerkt, denn ich bin bei jedem Schritt drei Schritte nach unten in den Krater hinab- gerutscht und habe zudem bemerkt, daß dieser Geröllhang weiter unten an der Oberkante eines Steilhangs endet – ziemlich unangenehm. Ich habe zuge- sehen, daß ich auf die andere Seite des Steilhanges gekommen bin und bin dann in den Krater hinabgestiegen – zurück nach oben wäre kaum möglich gewesen.

Unten im Krater habe ich dann Treibsand gefunden, von dem ich bis dahin gedacht hatte, daß es ihn nur in Abenteuergeschichten gibt. Schließlich habe ich mich ziemlich erschöpft in der Nähe von zwei kleinen Erdspalten hinge- setzt, aus denen feine Dämpfe aufsteigen, die nach Schwefel rochen, und habe mich gefragt, was ich jetzt tun soll.

Hier zu trommeln schien mir nicht besonders weise – ich hatte wirklich nicht vor, den Ätna zu wecken, während ich in ihm saß.

Ich fand, daß dies eigentlich eine passende Situation wäre, mir die Tarot-Karten zu legen und deren Antwort war dann auch ziemlich deutlich: „Du Idiot! Raus hier!"

Also habe ich nach einem Ausgang aus dem Krater gesucht. Dabei habe ich bemerkt, daß sich auf den erstarrten, schaumigen Lava-Wogen, die bis zu 10m hoch waren, die Sohlen meiner Schuhe ziemlich schnell abgenutzt haben. Daher bin ich zum Kraterrand gegangen, an dem unten Geröll auf dem Lava-Schaum lag, sodaß meine Sohlen noch länger gehalten haben. Gegen Abend haben ich dann einige Ziegenköttel gefunden – bin ich happy gewesen! Ich habe dann kurze Zeit später auch den Pfad der Ziegen aus dem Krater hinaus gefunden.

Zwei Tage später war ich dann wieder unten in dem Dorf am Strand, von dem aus ich losgegangen war. Am Abend wurde dort auf dem Dorfplatz der Nationalfeiertag mit einem großen Tanzfest gefeiert. Dort habe ich dann mitgetanzt und ich habe noch nie zuvor so getanzt wie da – einfach voller Freude, daß ich meinen Ausflug lebend überstanden hatte!

Ich hatte auch überhaupt keine Angst mehr, ins Zentrum der Aufmerksamkeit zu geraten, was ich bis dahin immer sorgfältigst vermieden hatte. Ich habe völlig ungeplant mit den anderen halb-afrikanische Kreistänze angefangen – ich habe getanzt und sie haben einfach mitgemacht. Schließlich haben sich die anderen Tänzer und Tänzerinnen nach und nach an den Rand gestellt und habe ich allein getanzt – die anderen standen im Kreis um mich her und haben mir zugeschaut und haben im Rhythmus des Tanzes geklatscht. Und ich habe einfach nur vor lauter Lebensfreude gelacht und habe weitergetanzt ...

Später an dem Abend gab es dann einen Paartanz-Wettbewerb, zu dem ich immer wieder von den Frauen aufgefordert worden bin, aber ich habe abgelehnt, weil ich keine Ahnung hatte, wie man einen Walzer tanzt. Da habe ich mir vorgenommen, auch mal die Standardtänze zu lernen, wenn ich wieder zurück bin.

IV 2. Jungsteinzeit

In der Jungsteinzeit lebten nicht mehr nur ein Dutzend Menschen zusammen, die sich alle gegenseitig gut kannten, sondern weit mehr als hundert, die sich zudem ab und zu mit anderen Gruppen zu großen Versammlungen trafen – z.B. um ca. 10.000 v.Chr. in Göbekli Tepe die ersten Tempel der Menschen zu errichten. Diese Vergrößerung der Gemeinschaften ist erst durch eine verbesserte Jagd und dann durch den Ackerbau und die Viehzucht zustandegekommen.

Bei so vielen Menschen reichten die altsteinzeitlichen Assoziation nicht mehr aus, um zu wissen, mit wem man es zu tun hatte. Daher entwickelte man die Analogie als Erlebnis-Verarbeitungsmethode und als Orientierungs-Hilfsmittel. Dadurch entstanden Urbilder wie „Bauer", „Töpferin", „Jäger", „Hirte", aber auch wie „Aussaatzeit", „Ernte" und „Weltenbaum".

Man verglich das Unbekannte mit dem Bekannten und konnte es dadurch ausreichend einordnen, bis man es durch den näheren Kontakt, also durch Assoziationen genauer kennengelernt hatte – dann konnte aus dem „Zimmermann aus dem Nachbardorf" (Analogie) ein Freund werden, dessen Namen man kannte (Assoziation).

Diese Analogien wurden auch zu großen, umfassenden Systemen zusammengefaßt: die Mythologien. Eines der ersten und wichtigsten Analogie-Systeme war das Gleichnis zwischen dem Sonnenlauf, dem Getreide-Zyklus und dem Menschenleben:

Sonnenaufgang	– Frühling	– Geburt	– Keimen des Getreides
Mittag	– Sommer	– Leben	– Wachstum des Getreides
Sonnenuntergang	– Herbst	– Sterben	– Ernte des Getreides
Nacht	– Winter	– Tod	– Lagern des Saatguts

Dieses Analogie-Ordnungsprinzip ließ als zentralen Begriff die „Richtigkeit" entstehen, die die Weise war, durch die etwas funktionierte, schön war und gedeihen konnte. Diese schöne, effektive und ewig gleiche Richtigkeit hat natürlich auch den Tanz geprägt.

In den Tempeln von Göbekli Tepe, die zwischen 10.000 v.Chr. und 8.500 v.Chr. errichtet worden sind, finden sich Darstellungen von einzelnen Kranichen und auch von Gruppen von Kranichen. Da diese Kraniche die Knie wie an einem Menschenbein haben und nicht wie an einem Vogelbein, sind sie als Seelenvögel im Jenseits erkennbar. Es ist gut denkbar, daß es schon damals Ahnentänze gegeben hat, bei denen die Tänzer bedächtig wie Kraniche über den Tanzplatz geschritten sind und dabei ihre Ahnen in sich hinein gerufen haben.

Aus Çatal Höyük in der Süd-Türkei ist aus der Zeit um 7.000 v.Chr. die Darstellung einer Gruppe von Männern bekannt, die mit Pantherfellen bekleidet sind und z.T. eine Art Tambourin schlagen.

Das Prinzip der Analogien läßt sich nohc heute in vielen rituellen Tänzen, Kult-Tänzen und Volkstänzen wiederfinden.

Diese Tänze können verschiedene Themen haben: die Anrufung der Ahnen, die Brautwerbung, das Herbeirufen des Regens, die Bitte an die Erde um eine gute Ernte, die Vorbereitung auf einen Krieg, die Verbindung mit der Sonne um die eigene Seele zu finden, die Anrufung einer Gottheit und noch vieles anderes.

Tänzer aus der Jungsteinzeit

Kranichtänzer, Göbekli Tepe, ca. 9500 v.Chr.

Panthertänzer, Çatal Höyük, 7000 v.Chr.

Panthertänzer, Çatal Höyük, 7000 v.Chr.

72

Das Element aus dieser Zeit in den heutigen Tänzen ist die Orientierung an den Urbildern und an den Mythen, in die sie eingebettet sind. Dies kann ein indischer Shiva-Tanz sein oder eine tänzerische Anrufung des Buddha Avalokiteshvara aus Japan oder ein Jahreszeiten-Tanz in einer heutigen Hexengruppe – also sowohl überlieferte als auch neugeschaffene Formen des rituellen Tanzes.

Aber auch alle Formen der Tradition, des Brauchtums, die Kreistänze, die Rhythmen, also alles, was sich auf beständige Weise in immer gleicher Form wiederholt, gehört zu dieser Schicht des Tanzes.

Die altsteinzeitlichen Tänze, die auf Assoziationen beruhen, nehmen das, was gerade da ist, und das, was man sich wünscht, und drücken das aus.

In den jungsteinzeitlichen Tänzen ist das Erwünschte schon durch Urbilder, also mithilfe der in den Mythen zusammengefaßten Analogien beschrieben worden.

Wenn man beides kombiniert, hat man zum einen die Mythen als das generelle „Lied des Lebens" und zum anderen die eigenen Erinnerungen, Wünsche und Assoziationen, die aus diesem „Lied des Lebens" den eigenen „Tanz der Lebensfreude" werden lassen.

> *In der Zeit, in der ich Mitinhaber eines Bioladen gewesen bin, bin ich einmal einen Tag lang nach Köln zu einem Kosmetik-Seminar gefahren, um die Kunden im Laden besser beraten zu können.*
>
> *Damals habe ich meine langen Haare oft zu zwei Zöpfen geflochten und habe zwei Schwanenfedern unten in den Zopf gesteckt – ich glaube, ich muß auf dem Kosmetik-Seminar, auf dem ich der einzige Mann gewesen bin, ziemlich exotisch gewirkt haben. Aber das ist mir damals nicht so ganz bewußt gewesen.*
>
> *Nach dem Seminar bin ich dann Richtung Bahnhof gelaufen und habe auf dem Vorplatz des Kölner Doms einige Musiker und Tänzer gesehen und bin dorthin gegangen. Dort waren ein Trommler und zwei Tänzer aus Mittelamerika. Die beiden Tänzer trugen Kleider und Masken im Stil der Azteken mit leuchtenden Farben und vielen langen Federn. Der eine war der Jaguar und der andere der Adler.*
>
> *Da ich sofort gemerkt habe, daß das ein religiöser Tanz ist, bin ich nicht wie die anderen Zuschauer stehen geblieben, sondern habe mich im Schneidersitz an den Rand der Tanzfläche gesetzt und mich für die Geschichte geöffnet, die dort getanzt wurde. Ich habe sie nicht in allen Details erkennen können, aber ich habe gespürt, daß es um den Tod eines Gottes und um dessen Wiedergeburt als sein Adler-Seelenvogel ging – vermutlich um den Tod und die Wiedergeburt des Sonnengottes.*
>
> *Die große Kraft, die die beiden Tänzer und der Trommler durch diesen Tanz gerufen haben, war sehr deutlich zu spüren.*

Dieser Tanz bestand wie der indische Tanz aus Rhythmus und Pantomime, aber in ihm waren diese beiden Teile nicht wie im indischen Tanz getrennt, sondern miteinander verbunden.

Die Endszene dieses Tanzes war anscheinend die Überwindung des Todes (Jaguar) durch den Sonnengott (Adler-Seelenvogel).

Bei dieser Wiedergeburt der Sonne hockte der Jaguar-Tänzer nach hinten gebeugt auf seinen Schienbeinen und der Adler-Tänzer stand oben auf seiner Brust. Dies war ein Moment, in dem vollkommene Stille herrschte – diese Szene hat so ziemlich jeden Zuschauer ergriffen.

Da faßte der Adler-Tänzer die ganze Kraft des Tanzes zwischen seinen Händen zusammen und hat sie in meine Brust geschleudert – das war heftig. Aber es war ein großes Geschenk, auf eine derart direkt Weise eine so lebendige Verbindung zu dem aztekischen Sonnengott zu erhalten.

Ich habe anschließend noch eine Weile mit den drei Indianern gesprochen und der Adler-Tänzer hat mir gesagt, daß er sofort erkannt hat, daß ich verstehe, was sie da eigentlich tun, und daß ich das sehr wertschätze – da hat er beschlossen, mir die Kraft dieses Tanzes zu schenken.

die Wiedergeburt des Sonnenadlers

IV 3.   Königtum

Die Neuerung im Königtums ist der alleinige Anführer einer großen Gemeinschaft von Menschen. Diese Zentralverwaltung machte vor allem die Bewässerung der Felder deutlich effektiver und daher die Versorgung mit Getreide und Gemüse sicherer. Aus den Listen der Zentralverwaltung mit den Zahlen und den Bildern des Gezählten entwickelte sich die Schrift.

Die soziale Organisation spiegelt sich auch immer in dem religiösen Weltbild wieder – im Königtum entstand erst der Götterkönig und schließlich der „Eine Gott" des Monotheismus.

Im Denken wurde damals das Prinzip, also die Regel, die Vorschrift, das Formular und eben auch die Schrift entwickelt – die Entsprechung in der Logik zu dem alles bestimmenden Befehl des Königs. Dadurch entstand die Philosophie, die alles von einer Ersten Ursache (von dem „König") ableitet.

Im Tanz sind zunächst noch dieselben auf der Mythologie beruhenden rituellen Tänze wie in der Jungsteinzeit zu finden. Sie wandelten sich jedoch nach und nach in mehrerer Hinsicht. Zum einen entstanden damals zentral organisierte Tänze, d.h. komplexere Choreographien, die über „Wechsel von Kreistanz und Einzeltanz" deutlich hinausgehen; dann gab es die Tanzprofis, die immer schwierigere Sprünge und gymnastische Übungen in den Tanz einbauten; dann gabt es auch die Tänzerinnen, die zur Erbauung des Königs tanzten; und schließlich gab es die Tänze, die wie die Mysterien das Ziel haben, den Einzelne eine Verbindung zu Gott finden und den „König in sich selber" entdecken zu lassen.

Die Zentralisierung und das eine, alles prägende, richtige Prinzip führt auch dazu, daß „Tanz-Schulen" entstehen.

Im späteren Königtum wurden die Tänze immer komplexer und aufwendiger und wurden ganz dem Prunk des Königs untergeordnet.

Die einfachen Kreistänze wurden zu den komplexen Formationstänzen des Barock und schließlich zu den Aufführungen mit Tänzern, die individuelle Rollen innehaben wie im klassischen Ballett. Der Tempeltanz wurde im späten Königtum nach und nach zur Bühnenkunst.

Aus den früheren Brautwerbungs-Tänzen und den erotischen „Fun"-Tänzen auf dem Dorfplatz wurde der Bauchtanz, der u.a. dem Vergnügen der Könige diente – über den genauen Ursprung des Bauchtanzes wird nach wie vor heftig gestritten. Dieser Streit wird vermutlich solange dauern, bis die Erotik einen ihr entsprechenden Platz im Leben der Menschen erhält – sowohl individuell als auch kollektiv.

Die bekannteste Form des Tanzes, die dem Kontakt mit Gott und mit der eigenen Seele dient, sind die Drehtänze der „wirbelnden Derwische" im Sufismus.

Evtl. kann man auch noch die Märsche der Soldaten zu Marschmusik zu diesen

„Tänzen des Königtums" zählen – sie sind eine rhythmische Bewegung zu Musik, die u.a. das Ziel hat, die Soldaten zu einer anonymen Masse gleichzuschalten und zentral zu lenken.

Aus Ägypten sind Tänze im Kult der Muttergöttin Hathor bekannt, an denen auch der Pharao als ihr Hohepriester teilnahm. Im Kult des Osiris gab es professionelle Tänzer, die die Mythen dieses Korngottes aufgeführt haben.

Aus Indien ist aus einer Höhlenmalerei aus der Zeit von ungefähr 2000 v.Chr. ein Reihentanz bekannt.

Die Griechen kannten verschiedene Tänze, die sie nach den dargestellten Gefühlen unterschieden und sie den Gottheiten, die diesen Gefühlen entsprechen, zugeordnet haben. Im Kult des Dionysos haben sich auch alte ekstatische Tänze erhalten.

Das Geschenk dieser Epoche an den Tanz ist neben den komplexen Tanzaufführungen auf der Bühne vor allem das Handeln aus dem eigenen Herzen heraus – die vollkommen Treue zu sich selber im eigenen Leben.

> *In dem ersten Jahr, in dem ich bei Papafiu afrikanischen Tanz gelernt habe, haben wir einen Kriegstanz eingeübt. Das war ziemlich anstrengend – Sprünge, Kreisen um sich selber, komplexe Armbewegungen, mit einem Holzschwert zuschlagen, Wechsel-Rufe zwischen Papafiu und uns, Anrufungen des Häuptlings Odessu, der einst nach einem Sieg die Kraft dieses Sieges in diesen Tanz gelegt hat ... und dann auch noch aufpassen, daß man niemand anderem auf die Füße tritt oder ihn ausversehen mit dem Holzschwert erwischt ...*
>
> *Wieso haben die Ewe, zu denen die Kalifis und Papafiu gehören, vor ihren Kriegen nur solch einen Kriegstanz gemacht? Danach war man doch völlig erschöpft! Und dann konnten die anderen kommen und die vom Tanz völlig erschöpften Krieger einsammeln – wenn sie selber vernünftig genug waren, nicht zu tanzen ...*
>
> *Komischerweise kannten auch die Griechen und die Indianer und noch andere Völker Kriegstänze – eigentlich konnte es doch nicht sein, daß sich parallel bei verschiedenen Völkern dasselbe unsinnige Verhalten entwickelt hat oder daß sich ein uraltes unsinniges Verhalten so lange gehalten hat, daß man es selbst noch in der historischen Zeit bei verschiedenen Völkern wiederfinden kann ...*
>
> *Die Antwort auf diese Frage kam unerwarteterweise aus dem Finanzamt Bonn-Außenstadt, in dessen Archiv und Vordrucklager ich damals gearbeitet habe. Der Vorsteher des Finanzamtes hatte wieder einmal eine Verordnung erlassen, die ich schlichtweg unmenschlich fand und die nur dazu gut sein*

konnte, die Autorität des Vorstehers noch weiter zu festigen und die Angst seiner Untergebenen vor ihm zu schüren (er hat sich nach seiner Pensionieren bei den Abteilungsleitern für sein Verhalten entschuldigt).

Am Abend bin ich vom Finanzamt zum afrikanischen Tanz gegangen und war dabei noch ziemlich wütend über den Vorsteher – was sonst eigentlich garnicht meine Art ist. Als wir uns auf den Tanz vorbereitet haben, habe ich da gestanden und an den Vorsteher gedacht und meine Fäuste geballt und innerlich gedacht „So, Herr Vorsteher! Mich kriegst Du nicht klein! Nun wollen wir mal sehen, wer der Stärkere von uns beiden ist!"

Die Wirkung dieses Entschlusses auf den Kriegstanz war erstaunlich. Auf einmal mußte ich nicht mehr auf meine Haltung, meine Gestik, meine Mimik, die Lautstärke meiner Stimme beim Anrufen des Häuptlings Odessu und ähnliche Dinge achten – all diese Dinge kamen wie von selber aus meinem Entschluß, dem Vorsteher des Finanzamtes die Zähne zu zeigen. Es war Spannung in meinen Bewegungen, mein Stampfen war kriegerisch, ich habe mit dem Schwert richtig zugeschlagen, meine Stimme war nicht zu überhören ... und ich habe keinerlei Anstrengung gespürt, sondern stattdessen immer mehr Kraft bekommen – Odessu hat mir die Kraft seines Tanzes gesandt.

Als der Tanz zuende war, wollte ich gar nicht wieder aufhören und habe noch kurz alleine weitergetanzt. Ich glaube, der Vorsteher wäre nach diesem Tanz schon vor meinem bloßen Blick zurückgewichen.

Bei diesem Tanz habe ich sehr viel verstanden: Wenn man etwas tut, das man nicht will, verliert man Kraft – wenn man etwas tut, was man will, erhält man Kraft. Deshalb sollte man nur die Dinge tun, die man aus dem eigenen Herzen heraus tun will – und man sollte keine Dinge unterlassen, die man aus seinem Herzen heraus tun will. Dann lebt man wirklich und ist das, was man ist, und tut das, was man will.

IV 4. Materialismus

Der Materialismus beginnt, wenn die Mysterien aus der Epoche des Königtums und des Monotheismus mit ihrem Konzept „Jeder sein eigener König!" Erfolg gehabt haben. Dann sucht jeder selber seinen Weg; die zentrale, allmächtige Herrschaft der Könige weicht den Demokratien; die Zünfte, die den Beruf eines Menschen schon bei dessen Geburt bestimmen (derselbe wie der Vater) lösen sich auf; und jeder ist auf seine eigene Kraft gestellt.

Der Einzelne stellt sich der Welt gegenüber und untersucht sie – es wird geforscht und es werden viele Erfindungen gemacht, das Leben wird technisiert und industrialisiert und die Wissenschaft verdrängt die Religion von dem Thron des alles prägenden Prinzips. An die Stelle der überlieferten Weisheit tritt die Psychologie.

In dieser Epoche sind Sachkenntnis, Erfindergeist und Durchsetzungskraft das, was das Leben gestaltet.

Auch der Tanz wurde in dieser Epoche zunehmend individualisiert. Die Formationstänze der Epoche des Königtums werden weniger und an ihre Stelle treten einfache Paartänze, die nicht mehr wie früher Teil einer Tradition sind, sondern die kommen und gehen – je nach dem, wie sie gerade den Geschmack und die Bedürfnisse der Menschen treffen.

Die Befreiung von den teilweise willkürlichen Vorschriften des Königtums führte zu einer schrittweisen Wiederintegration der Erotik in den Tanz – die ersten Walzer waren ein großer Skandal – der Mann legte die Hand auf die Hüfte der Frau! Das muß man sich mal vorstellen!

Nach und nach entstanden die verschiedene Standardtänze, die man zwar wie früher zu zweit tanzte, aber nicht mehr im Rahmen eines Dorffestes zu einem bestimmten Zeitpunkt im Jahr oder auf einem großen Ball im Schloß des Königs zu dessen Krönungsjubiläum, sondern im Tanzlokal, in das man ging, wenn einem selber der Sinn danach stand.

Schließlich lösten sich auch diese Standardtänze weitgehend auf, wodurch die Discothek entstand, in der jeder so tanzt, wie er gerade will – frei improvisierte Bewegungen zu vorgegebener Musik.

Dies führte dazu, daß der Tanz vor allem zum Selbstausdruck wurde, wobei oft nicht die ganze Persönlichkeit, sondern ein einzelnes Gefühl ausgedrückt wurde – oftmals Streß und Frust – oder eben die Suche nach einem erotischen Abenteuer.

Teilweise entwickelten sich auch die Volkstänze wie z.B. der Flamenco zu individuellen Tanzstilen weiter – aber diese Entwicklung findet sich fast nur bei Bühnen-Tänzern.

In einigen Fällen wandelte sich auch der Formationstanz des Königtums in neuere Formen um wie z.B. das klassische Ballett in das moderne Ballett mit weitestgehend freien Bewegungen, die nicht mehr die Anmut zum Ziel haben, sondern ein Beeindrucken durch überraschende Bewegungen, die die verschiedensten Gefühle im Betrachter auslösen sollen.

Eine Spätform der „konzeptuellen Bewegungskunst", die eigentlich zum Königtum gehört, ist die von Rudolf Steiner um 1911 entwickelte Eurythmie. Seit ca. 2000 ist sie jedoch deutlich weniger dogmatisch und wesentlich freier geworden, sodaß man sie inzwischen zumindestens ansatzweise auch zu den Tänzen der Epoche des Materialismus zählen kann.

Eine interessante Form des individualisierten Tanzes ist das Capoeira, das eine Verbindung von Tanz und Kampfsport ist und wie alle individuellen Tanzweisen auf dem persönlichen Können des Tänzers beruht.

Das Geschenk dieser Epoche an den Tanz ist die persönliche Freiheit im tänzerischen Selbstausdruck – man kann sich bewegen, wie man möchte und muß sich an keine Vorschrift halten.

Wann waren Sie das letzte mal in der Disco?

IV 5.   heute

Die auf den Materialismus folgende Epoche hat gerade erst angefangen und ist, je nach dem, wie man es rechen möchte, erst 30-50 Jahre alt.

Das Grundprinzip dieser Epoche ist die Globalisierung aller Lebensbereiche. Dies zeigt sich u.a. in der Tendenz, alle bisherigen Errungenschaften, Weltbilder, Traditionen, Weisheiten usw. zu einem umfassenden Weltbild zu verbinden, in dem der Einzelne im Vertrauen in das Ganzen ruht und in dem der Einzelne die Verantwortung für das Ganze trägt.

Der Einzelne wird ein eigenständiges, integriertes Individuum in einer umfassenden Familie und lebt in dem „globalen Dorf".

Diese Tendenz findet sich auch im Tanz wieder, in der der Selbstausdruck z.B. zum Fünf-RhythmenTanz weiterentwickelt worden ist. Seit Beginn dieser Epoche besteht generell ein recht großes Interesse an alten Tänzen und an den Tänzen anderer Völker.

Die völlige Auflösung aller Regeln findet sich in der Improvisation des Tanzes zu improvisierter Musik – wobei diese vollständige Improvisation zugleich ein hohes Maß an Aufmerksamkeit und Wachheit für die anderen erfordert, damit aus der Improvisation kein kollektives Chaos entsteht.

Am gründlichsten geht der Contact-Dance zu improvisierter Musik bei der Auflösung aller Formen vor: Jede Bewegung bis hin zum Wälzen auf dem Boden ist erlaubt und vollkommen in Ordnung. Hinzu kommt die Einladung, die andern Tänzer und Tänzerinnen in jeder Weise, die beiden angenehm ist, zu berühren – dies war eines der letzten Tabus im Tanz.

Da diese neue Epoche eben noch sehr neu ist – sozusagen ein Säugling – gibt es noch keine ausgereiften Tanzformen dieser Epoche, in der sich alle Elemente der vier früheren Epochen (Assoziation, Mythe, Zentralgestaltung, Selbstausdruck) mit dem Vertrauen in das Ganze und der Verantwortung für das Ganze verbunden haben.

Es ist vermutlich auch nicht sehr förderlich, allzu weitreichende Theorien über diese bevorstehende Synthese des Tanzes aufzustellen – hilfreicher ist es sicherlich sowohl in individueller als auch in kollektiver Hinsicht, tanzen zu gehen und zu schauen, was einem selber und der Gemeinschaft wirklich gut tut.

Bisher habe ich nur zweimal das Vergnügen gehabt, zu improvisierter Musik improvisiert tanzen zu können. Bei dem ersten mal hatten Markus und Britta Stockhausen mich und noch einige andere Freunde und Freundinnen eingeladen, da bei ihnen ein amerikanischer Tänzer zu Besuch war, der uns seine Art zu tanzen zeigen wollte.

Im Wesentlichen hatte diese Art des Tanzes zwei Teile: eine Meditation und einen Tanz.

In dem ersten Teil meditierte man darüber, was sich gerade in einem selber zeigen will. Dann sprach man mit einem anderen darüber, um das Thema weiter zu klären. Schließlich suchte man in sich nach einem Bild, das dieses Thema möglichst gut zusammenfassen konnte, damit man es anschließend bei dem Tanz als „Quelle" benutzen konnte.

Ich habe dabei für mich meine Seele als Quelle für meinen Tanz ausgewählt – diese Wahl hatte ich allerdings weitestgehend mit meinem Kopf getroffen und nicht aus der Wahrnehmung dessen, was in mir tatsächlich nach Ausdruck gesucht hat.

Als ich mit dem Tanzen an der Reihe war, habe ich mich mit geschlossenen Augen auf der Tanzfläche in den Drachensitz gesetzt und in mich gelauscht, welcher Bewegungsimpuls sich zeigen will. Zunächst kam ein ganz leichtes und langsames mich-Winden und Hin- und Herschwingen. Markus hat dazu ganz sanft auf der Trompete gespielt und seine beiden Freunde haben ihn leise auf Percussion-Instrumenten begleitet.

Dann kam der Impuls mich zu erheben, was ich auf eine sehr elastische und elegante Art gemacht habe. Da war mir schon klar, daß sich da in mir etwas ganz anderes regte als meine Seele. Nach und nach kamen Tanzschritte hinzu und ich habe in mir eine Schlange oder einen Drachen gespürt.

Meine Schritte und meine Armbewegungen wurden immer schneller und die Musik wurde immer lauter, aber ich hatte noch immer die Augen geschlossen.

Schließlich wurden meine Bewegungen so schnell, daß ich meine Augen öffnen mußte, um nicht hinzufallen.

Als der Drache im mir mich so schnell getanzt hat, daß ich an die Grenze meiner körperlichen Möglichkeiten gekommen war, habe ich selber bewußt die Geschwindigkeit wieder verlangsamt. Die Musik wurde in gleicher Weise langsamer – das war ein vollkommen neues und unerwartetes Gefühl: Ich selber entschließe mich, langsamer zu werden und bremse damit auch die Musik in ein langsameres Tempo – das war sehr ungewohnt für mich.

Schließlich habe ich mich wieder in den Drachensitz hingesetzt und habe innegehalten, mich bei der Schlange oder dem Drachen für den Tanz bedankt und dann den Tanz beendet.

IV 6. Zusammenfassung

Die Schilderung des Charakters der verschiedenen Epochen am Anfang dieses Kapitels läßt sich nun um die Darstellung des Tanzes in diesen Epochen erweitern:

der Tanz in den fünf bisherigen Epochen						
Zeit		*Charakter*				*Tanz*
Geschichte	*Biographie*	*Qualität*	*Phase*	*Essenz*	*Planeten*	
Altsteinzeit	Baby	im Ganzen leben	orale Phase	Ja	Mond	Assoziations-Magie, Nachahmung, Lebenskraft, Tiertänze, Masken, Jagdzauber, spontane Bewegungen
Jungsteinzeit	Kleinkind	Abgrenzung, Rhythmus	anale Phase	Nein!	Merkur, Venus	Analogien, Gleichnisse, Mythen, Zyklen, Gottheiten, rituelle Tänze, Gottheiten-Darstellungen, Rhythmus, Volkstänze
Königtum	Kind	Zentrierung	phallische Phase	Ich!!!	Sonne	Prinzipien, Zentralisierung, Planung, Formationstanz, Profi-Tänzer, Treue zu sich selber
Materialismus	Jugendlicher	Welt als Objekte	genitale Phase	Du?	Mars, Jupiter	Individualisierung, Selbstausdruck, Improvisation, Frust-Abbau
Globalisierung	Erwachsener	stabiles System	adulte Phase	Wir	Saturn	Synthese der Tanzstile, Kooperation von Individuum und Gemeinschaft
Zukunft 1	reifer Mensch	neue Systeme	tutorale Phase	Anderes …	Uranus, Neptun	-
Zukunft 2	Greis	das Ganze	geronte Phase	Alles	Pluto	-

VI Die Vielfalt der Tänze

Wie kann man den Charakter der großen Vielfalt der Tänze und ihre Besonderheiten beschreiben? Es gibt zudem ja auch noch von jedem Tanz wieder viele größere und kleinere Variationen …

Ich will mit diesem Buch vor allem die Tiefe und die Intensität, die Tänze haben können, sowie die Möglichkeit, das eigene Leben durch den Tanz zu bereichern und durch den Tanz etwas über sich selber und das Leben zu entdecken, darstellen. Daher habe ich im folgenden jeweils Gruppen von Tänzen mit ähnlichen Merkmalen zusammengestellt, die aufgrund ihres Charakters den Tänzern und Tänzerinnen helfen können, ähnliche Dinge zu entdecken.

Bei dieser Art, die Vielfalt der Tänze zu betrachten, kommen manche Tänze in mehreren Gruppen vor.

Bei den verschiedenen Tanzstilen werden mehrere Aspekte betrachtet, zu denen in den meisten Fällen die drei folgenden Punkte gehören, neben denen aber auch noch andere auffällige Merkmale beschrieben werden.

1. das Verhältnis des Tanzes zu der Musik bzw. zu dem Text:
   a) Werden festgelegte oder variierte oder improvisierte Bewegungen getanzt?
   b) Werden festgelegte oder improvisierte Musik oder festgelegte oder improvisierte Worte oder keins von alldem als Begleitung des Tanzes benutzt?
   c) Ist die Musik das Fundament des Tanzes oder unterstützt die Musik das Strahlen des Tänzers oder illustriert der Tanz die Musik bzw. die Worte oder finden Tanz und Musik bzw. Worte beide in einer schon vorher festgelegter Stimmung statt?

2. der Tanz und sein Kontext:
   a) Ist der Tanz spontaner Selbstausdruck oder steht er im Rahmen eines umfassenderen Konzeptes oder einer dem Tanz übergeordneten Veranstaltung?
   b) Ist der Tanz im wesentlichen ein Solo, ein Paartanz oder ein Gruppentanz?

3. formale Eigenschaften des Tanzes:
   a) Welches Tempo hat der Tanz?
   b) Welchen Takt hat der Tanz?
   c) Welche Bewegungen im Raum prägen den Tanz?

VI 1.   einfache Formen

VI 1. a)   Paartänze

Die Paartänze sind ein grundlegendes Element des Tanzes, da die erotische Anziehung zwischen Mann und Frau einer der grundlegenden Instinkte des Menschen ist. Diese Tänze lassen sich im ab dem Königtum direkt nachweisen.

Für die Jungsteinzeit ist dies nur indirekt möglich: Die Paartänze sind ein prägendes Element des Volkstanzes; die Volkstänze stammen aus den rituellen Tänzen der Jungsteinzeit; und die Weltanschauung der Jungsteinzeit hat den richtigen Verlauf aller Dinge mithilfe von Urbildern und Mythen beschrieben und wird dies sicherlich auch mit dem Tanz und der Erotik getan haben.

Im Paartanz steht, wie der Name schon sagt, das Paar im Mittelpunkt. Von wenigen Ausnahmen wie Bühnenshow-Veranstaltungen und Tanzwettbewerben einmal abgesehen ruht die Aufmerksamkeit des Tänzers und der Tänzerin bei dem jeweiligen Tanzpartner – man genießt dessen Nähe und will ihm möglicherweise noch ein wenig näher kommen …

Diese Grundhaltung ist stets das prägende Element, egal ob es sich um einen Paartanz auf einem mittelalterlichen Dorffest, um einen Ball auf dem Schloß des Sonnenkönigs Ludwig XIV von Frankreich oder um den Besuch in einer heutigen Disco handelt.

VI 1. b)   Volkstanz/Folkloretanz

Der Volkstanz ist durch relativ einfache Tanzschritte und Bewegungsformen geprägt, mit denen man in der Regel aufgewachsen ist und die man mit seinem eigenen Temperament und Ausdruck füllen kann. Meistens ist mit ihnen auch eine bestimmte Musik und Tracht und bisweilen auch ein bestimmter Schmuck verbunden.

Diese Vielfalt von traditionellen, aber in Bezug auf die Tanzbewegungen eher einfachen Regeln geben den Tänzern zum einen Halt (das beruhigt die drei oberen Chakren), aber lassen ihnen zum anderen genügend Raum für den eigenen Ausdruck (das erfreut die drei unteren Chakren). Daher ist der Volkstanz für viele ein guter Einstieg in den Tanz – man wird angeleitet, aber nicht völlig eingeengt.

Manche Volkstänze insbesondere bei den sogenannten „Naturvölkern" haben auch ein bestimmtes Thema wie die Brautwerbung, die Ernte, das Vertreiben des Winters o.ä. Es gab aber auch noch im europäischen Mittelalter und teilweise noch länger thematische Volkstänze, die z.B. zu den Jahreszeiten und zu bestimmten Zünften wie den Töpfern oder den Kesselflickern gehört haben.

Dieser thematische Bezug gibt den Tänzen noch eine weitere Bedeutung: Die Tänzer stellen sich durch den Tanz in eine größere, umfassendere Ordnung wie z.B. in den Zyklus der Jahreszeiten und den damit verbundenen Ackerbau-Zyklus.

Auf diese Weise gibt der Volkstanz dem einzelnen Halt in seiner Gemeinschaft und in seiner Welt – genau das ist in den Mythen, die wie der Volkstanz in der Jungsteinzeit entstanden sind, auch das Geschenk der Großen Mutter: die Geborgenheit an dem eigenen richtigen Platz in der Welt und das Gedeihen des eigenen Lebens, das dadurch entsteht.

VI 1. c) Kreistänze

Kreistänze lassen sich in Europa bis in die Renaissance zurückverfolgen, aber da diese einfache und naheliegende Form des Tanzes weltweit vorkommt, wird sie schon sehr alt sein und vermutlich bis in die Gemeinschaftstänze der Jungsteinzeit zurückreichen. Wie könnte man eine Gemeinschaft besser erleben und ausdrücken und bejahen als durch einen Tanz in einem großen Kreis?

Daher ist das prägende Element bei einem Kreistanz die Gemeinschaft aller Tänzer und Tänzerinnen. Dementsprechend findet sich der Kreistanz auch überall dort, wo in einem Ritual, bei einem Fest oder in einem anderen Zusammenhang die Gemeinschaft das Wesentliche ist.

Solche Kreise gibt es auch in Zusammenhängen, in denen nicht getanzt wird – von den Hexenkreisen über die Tafelrunde des Königs Artus bis hin zu Versammlungen von Politikern. Auch durch diese Kreise wird die Gemeinschaft und die Gleichberechtigung der versammelten Personen betont.

VI 1. d) Reigen

Der Reigen ist die einfachste Form des Kreistanz, bei der sich alle Tänzer auf dieselbe Weise zu einem gemeinsam gesungenen Lied bewegen. Er ist daher leicht zu erlernen und kann einfach einem Vortänzer nachgeahmt werden. Daher findet sich der Reigen oft im Volkstanz und in Kindergärten.

Dieser Tanz vermittelt eine leicht zugängliche Zugehörigkeit in einer Gruppe und eine Geborgenheit in ihr.

VI 1. e) Reihen-Tänze

Bei einem Reihentanz tanzen die Menschen in einer Reihe, wobei sie sich in der Regel an den Händen halten, ihre Hände auf die Schultern der Person neben ihr legen o.ä. Hier tanzt eine Gemeinschaft, die sich als eine Gruppe von Verbündeten empfindet und die in manchen Fällen einer anderen Reihe gegenübersteht – in diesem Fall sind das in der Regel eine Frauenreihe und eine Männerreihe („Kontertänze"). Es gibt aber durchaus auch Tänze mit nur einer Reihe.

Diese Einzel-Reihe kann eine gerade Reihe sein – was das Gefühl verstärkt, eine Schar von Verbündeten zu sein, die ein gemeinsames Ziel hat. Diese Form paßt daher zu allen Arten von „Bruderschaften" (und „Schwesterschaften").

Diese Reihe kann auch ein Halbkreis ein – was eine Mischung von Kreistanz und Reihentanz ist und daher wie eine Gemeinschaft ist, die sich sammelt, aber nun bald aus dem Ei schlüpfen will, sich gerade ausstreckt und dann auf ein Ziel zugeht. Diese Form paßt daher gut zu allen Aufbruch-Themen oder auch an das Ende von Einweihungsritualen aller Art wie z.B. der Aufnahme in eine Gemeinschaft.

Die Reihe kann auch eine sich bewegende Schlange sein – wodurch der Reihentanz in die Nähe der Polonaise kommt, bei der man dem jeweiligen Vordermann die Hände auf dessen Schultern legt. Bei dieser Form sind die Tänzer individueller und die Gemeinschaft tritt etwas mehr in den Hintergrund, weil man nicht mehr alle als (geordnete) Reihe oder als Halbkreis wahrnimmt. Die Schlangen-Form des Tanzes betont den Weg-Charakter des Tanzes, weil sich bei dieser Variante ständig die Form der „Schlange" ändert und man dafür Schritte vorwärts tun muß. Diese Form eignet sich daher für die tänzerische Darstellung von Wegen. Dies kann von einer Jenseits-reise in einem rituellen Tanz bis zum Zug durch die Gemeinde der Polonaise reichen.

VI 1. f) Doppelkreis-Tanz

Eine Kombination des Kreis- und Reihentanzes ist der Doppelkreis-Tanz, bei dem meist innen ein nach außen blickender Frauenkreis mit einem äußeren Männerkreis tanzt. Dabei rücken oft nach einer kurzen Bewegungsfolge entweder die Männer oder die Frauen eine Position nach links oder rechts weiter, sodaß jede Frau in dem Kreis einmal mit jedem Mann (und umgekehrt) tanzt.

Der Hauptcharakter dieser Tanzform ist offenbar das gegenseitige Kennenlernen der Frauen und Männer in der Gemeinschaft.

VI 1. g)   Schreit-Tänze

Die reinen Schreittänze finden sich vor allem in Zusammenhängen, in denen im Tanz die Gefühle kontrolliert werden und in denen eine übergeordnete Form aufrechterhalten werden soll – ein Schreittanz ist Tanzen unter Kontrolle … sowohl unter der eigenen Kontrolle als auch unter fremder Kontrolle.

Der schwingende Tanz entwickelt eine Eigendynamik, er kommt aus dem Bauch, aus der Hüfte, aus dem Becken, aus den drei unteren Chakren. Das Schreiten kommt hingegen aus dem Kopf, aus den drei oberen Chakren. Das Schreiten ist Kontrolle, Gedanke, gewollte Form – daher findet sich der Schreittanz vor allem im Königtum und in Offenbarungsreligionen, in denen ein Gründer verkündet hat, wie die richtige Lebensweise aussieht.

VI 1. h)   Standardtänze

„Standardtanz" ist ein Sammelbegriff für eine große Anzahl von verschiedenen Paartänzen, die alle eine recht einfache Grundform haben und die gewissermaßen einen Standard-Rahmen für die Begegnung von Mann und Frau bilden. Man kann sich an diesen Rahmen halten und erhält dann durch ihn Halt und Schutz.

Daher finden sich die Standardtänze in der „Gesellschaft", die Plätze eingerichtet hat, in der sich Mann und Frau begegnen und sich kennenlernen können. Man ist durch diesen Rahmen nicht ganz auf sich gestellt, aber hat andererseits auch genügend Freiheiten, das zu tun, was man will.

Entsprechend dieser Schilderung der Standardtänze sind sie auch gegen Ende des Königtums mit seiner zentralen, alles bestimmenden Herrschaft entstanden. Sie waren historisch gesehen ein erster Schritt der Tänzer und Tänzerinnen in eine neu gewonnene Freiheit, die sich dann zu einer immer größeren Selbstbestimmtheit weiterentwickelt hat.

VI 1. i)   Mehrpaar-Tänze

Die Paartänze sind immer wieder einmal zu größeren Formen zusammengefügt worden, in denen zwei, vier, sechs, acht oder mehr Paare gemeinsam tanzen. Dabei geht der eigentliche Paartanz-Charakter, also die Begegnung von Mann und Frau, verloren. Stattdessen wird ein mehr oder weniger komplexes Muster von Formen im Raum getanzt.

Die Mehrpaar-Tänze sind im wesentlichen Aufführungen und somit vor allem für die Zuschauer bestimmt.

Es gibt auch Mehrpaar-Tänze, bei denen sich die gesamten Tänzer und Tänzerinnen z.B. in einer langen Reihe von je zwei sich gegenüberstehenden Paaren aufstellen. Diese Form des Paartanzes regelt die Bewegungen aller Paare auf der Tanzfläche. Dieser „Multi-Zweipaar-Tanz" stammt aus dem Königtum, in dem alle Dinge zentral geregelt und vorgeschrieben worden sind.

Die Mehrpaar-Tänze sind symmetrisch aufgebaut: beim Zweipaar-Tanz stehen sich zwei Paare gegenüber, beim Vierpaar-Tanz stehen vier Paare im Quadrat, beim Sechspaar-Tanz stehen sechs Paare meist im Hexagon („Bienenwabe"), beim Achtpaar-Tanz gibt es schon mehrere Möglichkeiten, beim Kegeltanz stehen vier Paare im Quadrat und in der Mitte ein Einzeltänzer.

Von den Vierpaar-Tänzen gibt es viele Varianten wie die barocke Quadrille oder den amerikanischen Square-Dance („Quadrat-Tanz"). Diese Vierpaar-Tänze haben meistens mehrere Teile und bestehen in der Regel aus sechs in einer festen Folge angeordneten Tänzen, die von diesen vier Paaren getanzt werden.

Der „kleine Figaro" ist ein Walzer-Paartanz, bei dem alle Tänzer ihre Partner mehrfach innerhalb des Tanzes wechseln. Diese Tanzform ist wie die Doppelkreis-Tänze eine geregelte Form, durch die die Frauen alle Männer einer Gemeinschaft im Tanz kennenlernen können (und die Männer alle Frauen).

VI 2.   Tänze mit besonderen Elementen

VI 2. a)   Atan

Der Atan hat in Afghanistan eine ähnliche Funktion wie in den meisten anderen Ländern die Nationalhymne.

Der Tanz ist eine Art Konzentrations- und Geschicklichkeitswettbewerb – zwei Qualitäten, die in vielen orientalischen Tänzen mit ihren teils komplexen Rhythmen hoch geschätzt werden.

Die Tänzer stellen sich in einem Kreis auf und tanzen eine festgelegte Folge von Bewegungen. Allmählich wird die Musik immer schneller – und wer einen Fehler macht, scheidet aus dem Kreis aus. Der Tanz endet, wenn nur noch ein oder zwei Tänzer übrig sind.

Eine sehr einfache Variante dieses Tanzes ist das Kinderspiel „Reise nach Jerusalem".

VI 2. b)   Fackeltanz

Bei einem Fackeltanz tragen die Tänzer Fackeln in ihren Händen oder manchmal auch brennende Kerzen auf ihrem Kopf. Aus der notwendigen Vorsicht beim Umgang mit offenem Feuer ergibt sich schon, daß dieser Tanz zu den Schreit-Tänzen gehört.

Fackeltänze sind schon bei den Griechen und bei den Römern üblich gewesen und sind bis ca. 1750 auch ein üblicher Bestandteil der Feste an den Höfen der europäischen Fürsten gewesen. Teilweise wurde dieser Brauch noch bis nach 1900 aufrechterhalten.

Bei diesen Tänzen führten die Fackelträger die Reihen der Tanzenden an. Diese Tänze sind insbesondere bei Hochzeiten und Osterfesten üblich gewesen. Dabei werden von den Fackelträgern verschiedene komplexe Figuren getanzt, die in der Nacht durch die Fackeln gut sichtbar sind. An den großen Fackeltänzen nehmen über 100 Fackeltänzer teil.

In der Antike ist die Fackel ein Symbol der Reise in die dunkle Unterwelt gewesen. Die Verbindung der Fackeltänze mit den Hochzeiten und mit dem Osterfest stammt möglicherweise aus der Vorstellung, daß der Wiedergeburt des Sonnengottes an Ostern seine Wiederzeugung im Jenseits vorausging.

Das Tragen von Fackeln führt bei diesem Tanz dazu, daß sich alle Aufmerksamkeit auf das Feuer richtet, das eine archaische Form von Kraft symbolisiert. Der Fackeltanz ist vor allem ein Feuertanz.

VI 3.   Erotische Tänze

VI 3. a)   Erotische Tänze

Der größte Teil aller Tänze hat auch eine erotische Komponente, aber bei manchen Tänzen steht dieser Aspekt im Vordergrund.

Bei den alten Tänzen sind dies die verschiedenen Brautwerbungs-Tänze. Sie haben bisweilen einen lockenden und neckenden Charakter, der zu viel Gelächter unter den Tanzenden führen kann (wie bei einigen afrikanischen Tänzen).

Bei vielen lateinamerikanischen Tänzen ist die Erotik durch die Formen der Bewegungen des Paares sehr präsent, auch wenn die Erotik nicht ausdrücklich das Thema des Tanzes ist wie bei den Brautwerbungs-Tänzen.

Noch deutlicher ist der erotische Aspekt beim Bauchtanz, wobei es falsch wäre, den Bauchtanz auf die Erotik zu reduzieren, da er auch eine Form der Selbstbejahung, der Freude über den eigenen Körper und bei Bedarf auch eine Heilung der drei unteren Chakren der Tänzerin sein kann.

Man kann sich darüber streiten, ob man den sogenannten Pole-Dance noch zu den Tänzen zählen will oder nicht. Er besteht aus verführerischen Bewegung einer spärlich bekleideten Frau an einer senkrechten Stange und wird zum Vergnügen der in der Regel männlichen Betrachter aufgeführt. Die Stange ermöglicht der Frau allerlei gymnastische Bewegungen, die ohne diese Stange nicht möglich wären, aber die Stange gibt der Frau auch einen emotionalen Halt.

Es gibt auch eine Variante des Pole-Dance, die mit einem Striptease verbunden ist.

Bauchtanz

91

VI 3. b)   Fandango

Dieser spanische Tanz hat sich aus den Liedern und Tänzen der Sklaven der Spanier entwickelt und hat seine Wurzeln sowohl in Mittelamerika als auch in Marokko. Er ist ein europäisch-afrikanisch-indianischer Mischtanz.

Der Fandango ist ein ausgesprochen erotischer Tanz, in dem auf afrikanische Weise mit den Füßen auf den Erdboden gestampft und in spanischer Tradition mit den Kastagnetten an den Fingern geklappert wird und dabei allerlei verführerische Bewegungen gemacht werden. Die Tänzer und Tänzerinnen eilen einander hinterher, fliehen voreinander und necken einander. Wenn die Musik plötzlich ihren Fluß unterbricht, erstarren alle Tänzer in der Haltung, die sie gerade innehaben und bewegen sich erst wieder, wenn der Fandango weitergespielt wird.

Durch die Unterbrechungen der Musik im Fandango wird die augenblickliche Situation der Tänzer sozusagen für alle sichtbar – was bei einem solchen erotischen Tanz natürlich für den einen oder anderen Lacher sorgen wird.

Wie bei allen derartigen Tänzen liegt das Zentrum der Aufmerksamkeit auf der Anziehung zwischen den Männern und den Frauen.

VI 4. Tänze in anderen Takten als im 4/4-Takt

VI 4. a) Tänze im 3/4-Takt

Der allergrößte Teil der Tänze hat einen 4/4-Takt, da er der einfachste aller Rhythmen ist: ein gleichmäßiges Dahinfließen, das Halt gibt und das sich steigern kann.

Ein 3/4-Takt erfordert eine größere Aufmerksamkeit auf den Takt als der 4/4-Takt, da der Bewegungsbogen beim 3/4-Takt nicht einfach zwischen zwei Bewegungen abwechselt wie beim 4/4-Takt, sondern über drei Bewegungen gespannt werden muß.

Der 3/4-Takt läßt ein Schwingen entstehen, das zwischen einer Beschleunigung am Anfang des Taktes und einem Innehalten am Ende des Taktes wechselt. Er hat daher den Charakter einer aufmerksamen, abtastenden Bewegungen, was sich natürlich für alle Tänze des Kennenlernens und Flirtens besonders gut eignet.

Die Tänze im 3/4-Takt machen ein knappes Fünftel der europäischen und amerikanischen Tänze aus (ohne die indianischen Tänze). Die übrigen Tänze haben fast alle den einfacheren 4/4-Takt.

Ungefähr ein Viertel aller Tänze sind Paartänze oder Gruppen-Paartänze. Bei den Tänzen im 3/4-Takt ist der Anteil der Paartänze und Gruppen-Paartänze jedoch doppelt so hoch und macht ungefähr die Hälfte aus. Die Tänze im 3/4-Takt sind also vor allem Paar-Tänze und somit Flirt-Tänze – so wie das der Bewegungs-Charakter dieses Taktes schon erwarten läßt.

Paartänze im 3/4-Takt:

> 19 Paartänze: Wiener Walzer (Österreich), Bolero (Spanien), Aattetur (Norwegen), Boston (USA), Chacarera (Argentinien), Deutscher Tanz (Deutschland/Österreich), Lambada (Lateinamerika), Lipsi (Ex-DDR), Mazurka (Polen), Raspa (Südamerika), Saltarello (Italien), Cueca (Chile), Hambo (Schweden), Langsamer Walzer (England), Musette (Frankreich), Rabbit-Dance (USA), Tango-Walzer (Argentinien), Vals Cruzado (Argentinien), Volta (Provence)

> 7 Gruppen-Paartänze: Chaconne (Spanien), Kontratanz (England), Ländler (Bayern, Österreich, Schweiz, Slowenien), Lémki-Dance (Ukraine), Menuett (Frankreich), Ländler (Deutschland), Poltavka (Polen – nur Frauen)

sonstige Tänze im 3/4-Takt:

> 10 Gruppen-Tänze: Schuhplattler (Bayern), Courante (Frankreich), Ecossaise (Schottland), Gaillarde (Italien), Jota (Spanien), Passacaglia (Spanien),

Sarabande (Spanien), Scottich Country-Dance (Schottland), Tarantella (Italien), Zalytsyáinyk (Ukraine)

    <u>6 Kreistänze:</u> Cerkezko (Bulgarien), Dajcovo (Bulgarien), Grancarsko (Bulgarien), Alegria (Spanien), Fandango (Spanien), Sardana (Spanien)

    <u>3 Reihentänze:</u> Hanter dro (Bretagne), Canarie (Kanarische Inseln), Svornato (Bulgarien)

    <u>1 Polonaise:</u> Polonaise (Polen)

    <u>4 Einzeltänze:</u> Cachucha (Spanien), Hornpipe (England), Siguiriya (Spanien), Soleà (Spanien)

    <u>1 Pantomimischer Einzeltanz:</u> Jig/Gigue (England)

VI 4. b) Tänze mit ungewöhnlichen Takten

Die Tänze mit exotischen Takten stammen fast alle aus Bulgarien und dem angrenzenden Griechenland, Thrakien und Mazedonien. In diesem Bereich hat sich die orientalische und die abendländische Musik- und Tanz-Kultur miteinander verbunden.

Die orientalischen Tonleitern enthalten nicht wie die abendländischen Tonleitern sieben Ganztöne („weiße Tasten") und fünf Halbtöne („schwarze Tasten"), sondern zusätzlich noch fünf Vierteltöne, die zusätzliche „Farbe" in die Melodie bringen.

In gleicher Weise sind offenbar auch die orientalischen Takte „farbiger" als die beiden im Abendland üblichen 4/4-Takte und 3/4-Takte.

In Bulgarien und in den daran angrenzenden Regionen finden sich Tänze und daher auch Musikstücke mit den folgenden ungewohnten Takten:

<u>7/8-Takt, 7/16-Takt:</u>
    - offener Kreistanz: Dospatsko (Bulgarien), Eleno mome (Bulgarien), Ginka (Bulgarien), Jove malaj mome (Bulgarien), Kalamatianos (Griechenland), Legnata Dana (Makedonien)
    - Reihentanz: Cetvorno (Bulgarien), Mantilatos (Griechenland), Sestorka (Bulgarien)
    - Kreistanz: Deninka (Bulgarien)

<u>11/16-Takt:</u>
    - offener Kreistanz: Gankino (Bulgarien), Jove malaj mome (Bulgarien), Kopanica (Bulgarien)

<u>5/16-Takt:</u>
    - offener Kreistanz: Pajdusko (Bulgarien)

<u>15/16-Takt:</u>
    - Reihentanz: Bučimiš (Bulgarien, West-Thrakien)

<u>13/8-Takt:</u>
    - Trio-Tanz: Gewaltig (Brasilien)

Diese südosteuropäischen Takte setzen sich mit Ausnahme des brasilianischen Tanzes mit dem Namen „Gewaltig" aus 3/4-Takten und 4/4-Takten bzw. 2/4-Takten zusammen:

      5/4:   „2/4+3/4"
      7/8:   „4/4+3/4"
   11/16: „4/4+4/4+3/4"
   15/16: „4/4+4/4+4/4+3/4"

Der einzige exotische Takt, der sich nicht auf diese Weise zusammensetzt (ein oder mehrere 2/4 bzw. 4/4-Takte und ein 3/4-Takt) ist der 13/8-Takt des Tanzes „Gewaltig" aus Brasilien.

Derartige komplexe Takte finden sich auch an dem zweiten Ort, an dem sich die orientalische Kultur mit der abendländischen Kultur verbunden hat: in Spanien. In der spanischen Musik und in den spanischen Tänzen findet sich z.B. ein „zusammengesetzter Takt" mit der Folge: „3/4+3/4+2/4+2/4+2/4" – dieser Tanz heißt „Alegria".

Diese „zusammengesetzten Takte" haben durch den „verkürzten Takt", der oft am Ende steht, einen ähnlichen Effekt wie der Walzer – man muß aufmerksam sein und kann sich nicht einfach gehen lassen und im Takt dahinfließen. Diese komplexen „Taktgruppen" erfordern und fördern die Wachheit und die Bewußtheit der Musiker und der Tänzer.

Sie sind ein Aufruf, wach und aufmerksam zu sein und sich im Hier und Jetzt zu verankern. Daher gehören zu diesen „zusammengesetzten Takten" auch Schreittänze und keine schwingenden Tänze, da die schwingenden Tänze einen gleichbleibenden Rhythmus erfordern – am besten einen 4/4-Takt.

Die exotischen Takte sind in den drei oberen Chakren, die nach außen in die Welt blicken, verankert – sie lassen kaum Raum für den Ausdruck der drei unteren Chakren, die in den eigenen Leib hineinblicken. Diese Tänze fördern den Kopf und zügeln den Bauch.

VI 5.   Tänze des Königtums

VI 5. a)   Formationstänze

Der Formationstanz ist das Grundprinzip aller Tänze des Königtums: die Bewegungen aller Tänzer und Tänzerinnen sind im voraus geplant und festgelegt und in bestimmten Mustern im Raum arrangiert worden.

Als Gestaltungselement findet sich diese Vorgehensweise in so gut wie allen tänzerischen Show-Einlagen, bei denen eine Tanzgruppe auftritt – angefangen von Tanzbegleitungen bei Konzerten über Karnevalsveranstaltungen und erotischen Tanzdarbietungen bis hin zum klassischen Ballett.

Diese Form des Tanzes ist zunächst einmal die Kontrolle (oder das Leiten) der Tänzer und Tänzerinnen durch eine Oberaufsicht (König, Tanzlehrer). Das kann einfach dem Wesen des Königtums entsprechen, aber es kann auch dazu benutzt werden, eine Grundidee auszudrücken, der sich alle Tänzer und Tänzerinnen unterordnen – wie bei Tanzeinlagen in einem Schauspiel oder wie im Ballett, das in der Regel eine Geschichte als Grundlage hat.

VI 5. b)   Klassisches Ballett

Das Ballett hat sich zwischen 1500 und 1700 aus den höfischen Tänzen entwickelt. Es bestand zunächst nur aus einzelnen Szenen, in denen Gestalten aus der antike Mythologie aufgetreten sind oder in denen politische Botschaften verkündet wurden.

Ab 1661 wurde das Ballett u.a. in der von Ludwig XIV gegründeten Tanzschule gelehrt.

Um ca. 1750 wurde das Ballett das erste Mal als tänzerische Darstellung eines Dramas benutzt.

Seit 1789 wurde auch Balletts komponiert und choreographiert, die keine antiken Gestalten mehr enthielten, aber ein leichter mythologischer Anklang ist dem klassischen Ballett bis heute erhalten geblieben.

Ab 1820 kamen sowohl Feen-Motive als auch realistische Themen hinzu.

Um 1830, also in der Hoch-Zeit der Romantik, wurden vor allem Märchen als Grundlage für das Ballett benutzt. Zu dieser Zeit wurde auch der Spitzentanz, also das Stehen auf dem vorderen Fußballen oder auf den Zehen (in Schuhen mit fester Spitze) entwickelt. Dieser „Spitzentanz" gab den Bewegungen (aus der Sicht des Zuschauers) eine Leichtigkeit, die zu den oft dargestellten Feen paßte.

Die drei „klassischen Balletts" wurden von Pjotr Iljitsch Tschaikowsky komponiert: „Schwanensee" (1877), „Dornröschen" (1890) und „Der Nußknacker" (1892). Zu den bekanntesten Balletts gehören noch zwei weitere Schöpfungen aus Rußland, die von Igor Stravinsky komponiert worden sind: „Der Feuervogel" (1910) und „Le sacrè du Printemps" („Das Frühlingsopfer", 1913).

Während das Ballett ursprünglich auch von Gesang begleitet worden ist, wurde seit ungefähr 1800 nur noch zu Instrumentalmusik getanzt.

Das Ballett hat sich aus dem höfischen Tanz heraus entwickelt und ist wie alle künstlerischen Schöpfungen aus der Epoche des Königtums eine aus einem Zentrum (z.B. einem Märchen) heraus erschaffene und in allen Teilen festgelegte Tanzform.

Wie im Drama und der Oper wird nicht die gesamte Geschichte fortlaufend erzählt bzw. dargestellt, sondern nur einzelne Szenen, die die markanten Punkte in dem Handlungsverlauf darstellen. Während die Handlung im Drama und manchmal auch in der Oper durch die gesprochenen bzw. gesungenen Texte detailreich dargestellt wird, erzählt das Ballett die Geschichte, die in den meisten Fällen allen Zuschauern bereits bekannt ist, anhand von markanten Szenen, die durch Gesten und Bewegungen im Raum dargestellt werden.

Im Ballett steht die Darstellungen von Gemütszuständen wie Neugier, Zögern, Angst, Liebe u.ä. im Vordergrund. Diese tänzerischen Gefühlsdarstellungen zeigen, in welcher Verfassung der jeweilige Tänzer bzw. die Tänzerin ist. Die Geschichte wird weiterhin durch das Verhalten der Tänzer zueinander, durch Gesten und teilweise durch einfache halb-pantomimische Bewegungen wie Händereichen u.ä. angedeutet.

Das Ballett ist eine Bühnenkunst, d.h. es wird einem Publikum vorgeführt. Daher stehen die Tänzer unter der Regie des Choreographen und des Tanzleiters und haben in der Regel nur wenig Einfluß auf die Gestaltung des Tanzes.

Die Freude des Balletttänzers besteht in den von ihm dargestellten Stimmungen und der (scheinbaren) Leichtigkeit und der romantischen Schönheit der meist anmutigen Bewegungen – der Tänzer oder die Tänzerin werden Teil eines Märchens.

Wie der Violinist, der im Orchester die erste Geige spielt, ist die Primaballerina, die die weibliche Hauptrolle spielt, in aller Regel jemand mit einem großen Leistungsanspruch, einem entsprechend großen Streß und einem ebensogroßen Bedürfnis nach Beifall.

Zumindestens die Profi-Tänzer im Ballett haben häufig einen Lebenskraft-Stau in den oberen drei Chakren: Sie wollen den Anspruch einer äußeren Form erfüllen und dafür Anerkennung und Beifall erhalten. Aber es gibt natürlich auch die Tänzer und Tänzerinnen, die einfach aus der Freude am Ballett-Tanz diesen Beruf gewählt haben.

VI 5. c)   Modernes Ballett

Das moderne Ballett, das auch „Ausdruckstanz" genannt wird, ist ab ca. 1890 aus dem klassischen Ballett heraus entstanden. Es unterscheidet sich jedoch deutlich von ihm.

Das moderne Ballett lehnt das Märchenhafte und die festgelegten und viel Übung erfordernden Haltungen und Bewegungsfolgen des klassischen Balletts ab und sucht entweder nach natürlichen Bewegungen oder eben nach möglichst ausdrucksstarken Bewegungen. Dadurch entstand eine Mischform zwischen Gestik, Pantomime und Tanz, die eine starken Hang zum Realismus und teilweise auch zu provozierenden Inszenierungen hat.

Man könnte das moderne Ballett auch als Bewegungs-Schauspiel ohne Worte bezeichnen. Es steht dem Schreit-Tanz sehr viel näher als dem schwingenden Tanz – wobei das klassische Schreiten selber im Ausdruckstanz kaum vorkommt. Das moderne Ballett enthält zwar auch Schritte, Sprünge und ganz selten auch Drehungen, aber es ist zu einem großen Teil eine nichttänzerische Darstellung von inneren Zuständen.

Vermutlich hat das moderne Ballett nicht zufällig eine Ähnlichkeit mit dem ebenfalls um 1890 entstandenen Stummfilm, in dem die Schauspieler die Bedeutung ihrer Handlungen ohne Worte darstellten mußten. Beide Kunstformen stellen durch ihre Bewegungen wortlos die Welt und ihre Mißstände, Probleme und ihre meist ungewollte Komik dar – die Komik jedoch nur im Stummfilm und nicht im modernen Ballett.

VI 5. d)   Butoh

So wie das moderne Ballett, der Jazz und teilweise auch der Swing in Nordamerika und in Europa die Auflösung der alten starren Formen in Musik und Tanz anstrebten, hat in Japan der Butoh das alte Tanztheater durch neue, freiere Formen zu ersetzen versucht – die Revolution der drei unteren Chakren gegen die Dominanz der drei oberen Chakren in den durch das Königtum geprägten Kulturen: „Freiheit dem ungehinderten körperlichen Selbstausdruck!"

VI 6.   Tänze mit afrikanischem Einfluß

VI 6. a)   afrikanischer Tanz

Der afrikanische Tanz ist durch das Stampfen mit den Füßen durchgehend eine Betonung der drei unteren Chakren und eine Anrufung der Erde.

Diese Tänze werden vor allem zu Trommelmusik getanzt, die wie das Stampfen mit den Füßen die Tänzer und Tänzerinnen erdet. Teilweise werden auch andere Instrumente wie die Marimba (eine Art Xylophon) verwendet, was jedoch eher selten ist. Einfache Lieder, die von den Trommlern, Tänzern und Zuschauern gesungen werden, kommen jedoch recht häufig vor – der gemeinsame Gesang ist das wichtigste „Melodie-Instrument" in der afrikanischen Tanz-Musik.

Es gibt zwei grundlegend verschiedene Formen des afrikanischen Tanzes: zum einen die „High Life"-Tänze und zum anderen die rituellen Tänze.

Die „High Life"-Tänze werden bei jeder passenden Gelegenheit gemeinsam getanzt. Meist gibt es jemanden, der den Tanz anleitet und die eher einfachen und den meisten auch bekannten Bewegungsfolgen vormacht, die die anderen dann nachmachen. Nach einer Weile wechselt der Vortänzer zu einer anderen Bewegungsfolge und geht sein Repertoire an Bewegungsfolgen, die zu dem jeweiligen Fest passen, nach und nach durch.

Bei diesen Tänzen, die meistens im Kreis getanzt werden, gibt es oft auch die Möglichkeit, daß einzelne der Tänzer oder Tänzerinnen in die Mitte des Kreises gehen und dort zu demselben Rhythmus etwas Abweichendes tanzen, wozu sie gerade Lust haben, und dann in den Kreis zurückkehren und wieder bei dem Tanz des Vortänzers mitmachen.

Diese Tänze sind ein Ausdruck der Lebensfreude, der Gemeinschaft, des Sichzeigens und der Verbundenheit mit der Erde und der Geborgenheit bei ihr.

Bei diesen Tänzen kann jeder mitmachen, der will – vom Kleinkind bis zum Greis.

Die rituellen Tänze unterscheiden sich voneinander durch ihr Thema – das Anrufen der Ahnen, die Brautwerbung, die Vorbereitung auf den Krieg, das Anrufen der eigenen Seele, Heilungen und vieles anderes.

Diese Tänze zielen auf eine konkrete Wirkung ab, die durch das Trommeln, den Gesang und den Tanz erreicht werden soll. Diese Tänze sind also vor allem ein Werkzeug und eine Form der Magie. Der Tanz stellt nicht etwas dar, sondern der Tanz soll etwas bewirken – er soll z.B. genauso effektiv magisch einen Schlangenbiß heilen, wie man physisch einen Splitter aus der Hand zieht.

Die Haltung bei diesen Tänzen ist daher die Konzentration auf eine ganz konkrete

Absicht, die die tanzende Gemeinschaft verwirklichen will. Daher enthält diese Art des afrikanischen Tanzes auch Anrufungen, Bannungen, Beschwörungen u.ä. in Liedform.

Bei dieser Art der Tanzes ist der Tanzleiter auch ein Magier oder Priester, der durch seinen Willen und seine Imaginationen und seinen bereits bestehenden Kontakt zu den angerufenen Wesen (Ahnen, Götter, Tiere) die in dem betreffenden Fall hilfreichen Wesen herbeiruft. Dann lenkt der Tanzleiter die Kraft der angerufenen Wesen zusammen mit der Kraft, die die Tänzer und Tänzerinnen in ihren Tanz geben, auf das gemeinsam angestrebte Ziel.

Die Aufgabe des Tanzleiters variiert natürlich sehr stark mit dem Thema – eine Heilung geht anders vor sich als die Vorbereitung auf einen Krieg und das Leiten eines Brautwerbungs-Tanzes unterscheidet sich noch einmal sehr stark von diesen beiden.

Der Tanzleiter bei rituellen Tänzen ist vor allem ein Spezialist für das Lenken der Lebenskraft. In der Regel ist er auch der Masterdrummer.

afrikanischer Tanz

VI 6. b)   Jazz-Dance

Der Jazztanz hat sich um ca. 1910 in Nordamerika zusammen mit dem Jazz vor allem aus den afrikanischen Tanz- und Musikstilen, die aus dem Kongo und aus Angola stammen, entwickelt, wobei der Jazz sowohl als Musik als auch als Tanz auch eine Vielzahl von anderen Elementen mitaufgenommen hat. Der prägende Aspekt bei der Verbindung der vielen einzelnen Elemente war das Sprengen von Konventionen – in den Tonleitern, in den Harmonien, in den Bewegungen und nicht zuletzt in der teilweise provokativ bejahten Erotik.

Man kann den Jazztanz als einen Befreiungstanz ansehen – entsprechend liegt der Schwerpunkt auf dem ungehemmten Erkunden des musikalischen und tänzerischen Neulandes, wobei sich natürlich auch im Jazz sehr schnell Stile und Traditionen herausgebildet haben.

VI 6. c)   Swing

Der Swing ist um 1920 in Nordamerika entstanden und hatte seine Blütezeit ungefähr zwischen 1930 und 1945. Seine Grundlage sind zum einen die Rhythmen der Yorouba in Westafrika und der Bantu in Südafrika, die als Sklaven in die USA verschleppt worden waren, und zum anderen die letztlich aus Europa stammende Marschmusik – der Swing hat also eine „schwarze" Wurzel und eine „weiße" Wurzel. Anfangs ist der Swing eng mit dem Jazz verbunden gewesen – Jazz und Swing sind sozusagen Geschwister.

Der Swing wurde hauptsächlich von Big Bands aufgeführt und hat als besonderes Merkmal die Offenheit für Improvisationen.

Im Swing-Tanz gibt es viele schnelle Schritte, Drehungen und als Paar aufgeführte Bewegungsfolgen, die dann, wenn sie nicht nur als Show-Effekt benutzt werden, oft eine große Lebensfreude ausstrahlen.

Das prägende Element, das dem Swing-Tanz auch seinen Namen verlieh, ist das Schwingen, das ihn auch vom Jazz unterscheidet – der Jazz ist in den drei oberen Chakren zentriert und erforscht bewußt die Vielzahl der Möglichkeiten von Melodien und Bewegungen, während der Swing in den drei unteren Chakren zentriert ist und das Getragenwerden durch einen Rhythmus anstrebt.

Der Swing ist eine der wichtigsten Wurzeln des späteren Rock'n Roll-Tanzes, also des weitgehend frei improvisierten Tanzes auf Rock-Konzerten und in Discos.

VI 6. d)   Candombe

Die Musik zu diesem argentinischen Tanz, der aus der afrikanischen Kultur entstanden ist, wird auf drei Congas gespielt. Die Tänzer stellen dabei verschiedene Figuren aus den Mythen und Geschichten der Afrikaner dar wie den Medizinmann oder die alte Frau. Dieser Tanz ist sehr nah an den afrikanischen rituellen Tänzen geblieben.

Der Candombe ist eine der Wurzeln von vielen neueren lateinamerikanischen Tänzen.

VI 6. e)   Samba

Der Samba ist einer der bekanntesten lateinamerikanischen Tänze und bildet den Kern des Karnevals von Rio. Er hat sich um ca. 1850 in Brasilien aus afrikanischen Volkstänzen aus dem Kongo, Angola und dem Sudan entwickelt und ist die Wurzel der meisten neueren Tänze mit afrikanischen, indianischen und spanischen Wurzeln aus Südamerika.

Er wurde ursprünglich zu Trommelmusik und traditionellen Liedern in der Gemeinschaft im Kreis getanzt.

Im Samba wird sowohl das Becken als auch der Oberkörper relativ schnell vor- und zurückbewegt – u.a. eine erotische Geste. Die Tänzer bleiben nicht an einer Stelle des Tanzplatzes, sondern bewegen sich ständig in fließenden Schritten und Gesten umher.

Der Samba-Rhythmus ist meistens eine Folge von zwei Viertelnoten und einer abschließenden halben Note, wodurch der 4/4-Takt erhalten bleibt, aber auf eine zweiteilige schnelle Bewegung (die beiden Viertelnoten) eine langsamere Bewegung folgen kann (die halbe Note). Das bringt eine „weiche Spannung" in den gleichmäßigen Fluß des Rhythmus.

VI 6. f)   Salsa, Tango u.ä.

Viele der lateinamerikanischen Tänze haben in ihrem Ausdruck eine Mischung von erotischer Anziehung und dem distanzierten Setzen von Grenzen. Dadurch enthalten viel dieser Tänze einen Widerspruch – sie sind sozusagen ein „Spiel mit dem Feuer".

Die Gestik dieser Tänze ist oft ein „Komm, geh' weg!" Im Extremfall preßt das Tanzpaar beim Tango die Hüften aneinander und blickt desinteressiert bis ablehnend von dem anderen weg …

Auch dieser Tanz betont die drei unteren Chakren, aber nimmt eine tendenziell dominante Haltung ein: „Erotik? … Ja – aber so wie ich das will!"

VI 6. g)   Karneval in Rio

Die berühmten Tanz-Umzüge des Karnevals in Rio haben drei Wurzeln: die südamerikanischen Tänze wie den Samba und den Salsa, die zu einem guten Teil Weiterentwicklungen des spanischen Tanzes sind, den die Eroberer mit nach Südamerika gebracht haben, als zweites afrikanischen Tänze, die von den Sklaven mit nach Südamerika gebracht worden sind, und zum dritten die rituellen Tänze der Inkas, Mayas, Azteken und anderer Indianer-Völker in Mittel- und Südamerika.

Die Tanz-Umzüge werden Wurzeln sowohl in der spanischen als auch in der indianischen Kultur haben.

Der ausgeprägte erotische Aspekt und die Selbstverständlichkeit von (teilweiser) Nacktheit stammt aus Afrika, wo Nacktheit teilweise noch heute normal ist – wenn diese Natürlichkeit nicht vom Christentum oder vom Islam verdammt worden ist. Aber auch bei einigen Indianerstämmen ist Nacktheit etwas Normales.

Das feurige Element in diesen Karnevals-Tänzen stammt aus dem spanischen Tanz – vermutlich unterstützt von der erdigen Selbstsicherheit der Afrikaner.

Die bunten Kostüme sind vor allem von der rituellen Kleidung der Azteken, aber auch anderer süd- und mittelamerikanischer Indianervölker inspiriert worden.

Der Karneval selber stammt aus der christlicher Tradition, die aber wiederum viele Elemente des europäischen Heidentums, d.h. vor allem der Religion der Kelten, Römer und Germanen enthält.

Schließlich ist der Karneval von Rio auch ein Fest der Lebensfreude in einem Land, in dem das Leben für viele alles andere als einfach ist. Daher ist dieses riesige Tanzfest auch ein kollektives „Trotzdem!"

Das fast rauschhafte Element dieses Tanz-Festes wird vor allem aus diesem „Trotzdem!" stammen, aber auch aus der indianischen Ekstasetanz-Tradition und aus dem Feiern des Lebens im Hier und Jetzt, das den afrikanischen Tanz prägt.

Karneval in Rio

105

VI 7.   Spanischer Tanz

VI 7. a)   Spanischer Tanz

Der markanteste Aspekt des spanischen Tanzes ist der feurige Stolz der Tänzer. Sie haben ihre Lebenskraft fest in ihren drei unteren Chakren verankert: „Hier bin ich! Komm' mir ja nicht in die Quere!"

Diese Grundqualität des sich-Durchsetzens findet sich sowohl in den Einzeltänzen als auch in den Paar- und Gruppentänzen.

Die Betonung der unteren Chakren ist beim afrikanischen Tanz und beim spanischen Tanz deutlich verschieden: Die Kraft des afrikanischen Tanzes liegt in der Verbindung zum eigenen Körper, zu der Erde, zu der Gemeinschaft und zu den Tieren und Pflanzen auf der Erde – die Kraft des spanischen Tanzes liegt in dem eigenen Willen und dem sehr nachdrücklichen Setzen von Grenzen.

Der spanische Tanz ist neben dem afrikanischen und dem indianischen Tanz eine der drei Wurzel der lateinamerikanischen Tänze.

spanischer Tanz

VI 8. Tänze aus Ozeanien

VI 8. a) Hula

Der Hula ist der bekannteste hawaiianische Tanz. Er wird von Musik oder Sprechgesang begleitet und erzählt stets eine Geschichte – er ist also eine Form des rituellen Tanzes. Wie im indischen Tanz wechseln rein rhythmische Phasen mit halb-pantomimischen Phasen ab.

Der hawaiianische König Kalakaua hat den Hula als „die Sprache des Herzens" und als den „Herzschlag der Hawaiianer" beschrieben.

Die beim Hula benutzten Instrumente sind Trommeln, Rasseln, Holzstab-Paare und Stein-Paare, die aneinandergeschlagen werden, sowie zwei Bambusstampfrohre.

Ein sehr ungewöhnlicher Aspekt des Hula ist, daß es auch einen Sitztanz gibt, bei dem nur der Oberkörper im Tanz bewegt wird.

Der Hula wurde den Hawaiianern ihrer Überlieferung zufolge von Laka, der Göttin der Musik, des Tanzes, des Regens, des Sonnenscheins und der Natur gelehrt.

VI 8. b) Haka

Der Haka ist ein traditioneller Kriegstanz der Maori auf den Südseeinseln. Dieser Tanz ist in den Mythen das Kind des Sonnengottes und des Sommermädchens.

Wie in allen Kriegstänzen wird vor allem die Kraft der waffentragenden Krieger dargestellt. Er wird sowohl auf rituellen Festen wie dem Tapata Rapa Nui auf den Osterinseln als auch von den Maori-Soldaten getanzt. Der Haka wird auch von den Rugby-Mannschaften der Maori vor ihren Wettkämpfen aufgeführt – dieser Kriegstanz ist zwar in den Sport übertragen worden, aber er wird noch immer wegen seiner ursprünglichen magischen Wirkung getanzt.

Ein auffälliges Element dieser Tänze sind die hohen Sprünge, bei denen die Füße bis unter den Po gezogen werden. Bei diesem Tanz wird wie in den afrikanischen und bei vielen indianischen Tänzen mit den Füßen auf die Erde gestampft, was noch durch ein Klatschen auf die Oberschenkel verstärkt wird.

Dieser Tanz soll ausdrücklich die Lebenskräfte sowohl der Tänzer als auch ihrer Feinde lenken und im Sinne der Tänzer formen.

Dieser Tanz wird teilweise auch von Frauen getanzt.

Tapata Rapa Nui auf den Osterinseln

VI 9. Kriegstänze

VI 9. a) Afrikanischer Kriegstanz

Sowohl die Männer als auch die Frauen tanzen diesen Tanz. Er besteht aus einer Vielfalt von Bewegungsfolgen, die die Zentrierung in sich selber (Hara, Wurzel-chakra) bewirken sollen, die Anrufung des Königs, der diesen Tanz erschaffen hat, symbolisch-pantomimische Kampfbewegungen und ähnliches darstellen. Er erhält auch Wechselgesänge, Zurufe des Masterdrummers an die Tänzer u.ä. Elemente.

Die Ausrichtung dieses Tanzes ist das Ziel des Sieges der Gemeinschaft über den Gegner. Alle Elemente des Tanzes dienen dieser Absicht – die Tanzbewegungen, die Gesänge, das Trommeln, die Rufe, das Anrufen früherer siegreicher Könige, die gemeinschaftlichen Bewegungen, die Waffen der Männer, die Pferdeschweif-Zauber-stäbe der Frauen …

VI 9. b) Schwerttanz

Dieser spezielle Tanz ist vor allem aus Schottland und Nordengland bekannt, aber es hat ihn lange Zeit auch in ganz Europa gegeben. Er ist sehr alt, wie z.B. die Schwerttänze der Römer zeigen, und sie sind weltweit verbreitet und finden sich in allen Krieger-Kulturen wie z.B. in Japan (Samurais).

Den Schwerttanz gibt es als Einzeltanz, als Paartanz und als Darstellungen von Schlachten mit vielen Tänzern.

Im Gegensatz zum Kriegstanz, der vor einem Kampf stattfindet, ist der Schwerttanz meistens der Bericht über einen Kampf in der Vergangenheit. Er gehört somit zu den erzählenden Tänzen.

Eine Sonderform sind die schottischen Schwerttänze, bei denen die Tänzer über symmetrisch am Boden liegenden Schwertern tanzen ohne dabei die Schwerter zu berühren.

Aus den Schwerttänzen hat sich u.a. der deutsche Messertanz der Messerschmiede entwickelt.

VI 9. c)   Kampfsport-Tänze

Der bekannteste Kampfsport-Tanz ist das Capoeira. Er wurde in Brasilien von den afrikanischen Sklaven aus dem „NíGolo"-Tanz („Zebra-Tanz") entwickelt. Das Capoeira ist vor allem eine als Tanz getarnte Kampfsportübung – jegliches Üben von Kampf war den Sklaven natürlich streng verboten …

Das Capoeira hat daher weder das Schwingen der meisten Tänze und auch nicht das Schreiten der höfischen Tänze, sondern vor allem das pantherhafte Springen, Abrollen, Aufspringen, Drehen und viele ähnliche Bewegungen und Bewegungsfolgen, die aus dem waffenlosen Kampf stammen.

Das Capoeira hat Ähnlichkeit mit den Kampftechniken der buddhistischen Mönche wie z.B. dem Kung Fu oder der Kampfkunst der Shaolin.

Abgesehen von der großen Körperbeherrschung und von der Geschmeidigkeit der Bewegungen ist das Capoeira aber eigentlich kein Tanz – auch wenn er von den Sklaven aus Tarnungszwecken als solcher bezeichnet worden ist.

Wie alle waffenlosen Kampfsportarten fördert auch das Capoeira die Fähigkeit, die Lebenskraft zu lenken. Dieser Aspekt findet sich sehr anschaulich im Karate wieder, bei dem Backsteine und andere „unmögliche" Dinge zerschlagen werden.

Diese Kampfsportler sind sozusagen die Kollegen der Tanzleiter, die z.B. mithilfe von rituellen Tänzen heilen und dazu die Lebenskraft lenken.

Es ist kein Zufall, daß die besten Karatekas, Shaolin-Kämpfer u.ä. Kampfsportler alle Mönche sind – auch die Tanzleiter der rituellen Tänzer sind Magier und Priester.

Das Lenken der Lebenskraft ist das Fachgebiet der Magier-Priester-Mönche – egal, ob diese sich auf Heilungstänze oder auf das Kämpfen spezialisiert haben.

VI 9. d)   Breakdance

Der nordamerikanische Breakdance ist dem südamerikanischen Capoeira nah verwandt. Er ist um ca. 1969 in den Ghettos von New York entstanden. Er besteht neben den tänzerischen Bewegungen aus vielen kämpferischen und akrobatischen Bewegungen wie Stürzen, Abrollen oder das Verharren im Einhand-Handstand, wodurch dieser Tanz wie das Capoeira eher wie eine Turner-Kür als wie ein Tanz wirkt, auch wenn er stets zu Musik aufgeführt wird.

VI 9. e)   aggressive Tänze

Es gibt eine Reihe von aggressiven Tänzen. Bei den traditionellen Kriegstänzen liegt dies in der Natur der Sache, aber es gibt auch moderne Tänze, die in erster Linie durch ein aggressives Verhalten geprägt sind.

Das „Headbanging" („Kopf-Schlagen") kann man noch als eine Ekstasemethode ansehen. Beim Headbanging wird in der Regel zu Hardrock-Musik oder Punk-Musik der Kopf schnell vor und zurück, hin und her oder im Kreis gedreht. Manchmal wird er dabei auch gegen die Zuschauerabsperrung, gegen die Bühne oder ähnliches gestoßen. Es gibt gelegentlich auch eine Variante, bei der die Tänzer ihre Köpfe gegeneinanderschlagen – aber das gehört nicht zum üblichen Headbanging.

Das „Pogo" ist ursprünglich ein möglichst hohes Springen auf der Stelle ohne Berücksichtigung des Taktes gewesen, daß sich schrittweise über gegenseitiges Stoßen, Schlagen, Werfen und Treten zu regelrechten Kampfszenen an einzelnen Stellen im Publikum meist eines Punk-Konzertes weiterentwickelt hat. In den rauheren Varianten werden Kampfsport-Techniken wie kombinierte Sprünge und Tritte eingesetzt. Manchmal werden auch zwei Reihen gebildet, die dann aufeinander einstürmen – sozusagen die Schlacht-Variante des Reihentanzes …

Es gibt aber trotz dieser teilweise mit großer Intensität ausgelebten Aggression auch die Regel, niemanden absichtlich zu verletzen, bei unabsichtlich zu hart geratenen Schlägen das Opfer kurz entschuldigend anzublicken und gestürzten „Tänzern" wieder aufzuhelfen.

Pogo ist eine „Bewegung zu Musik", aber da sich die Tänzer dabei nicht an den Rhythmus der Musik halten und die improvisierte „Choreographie" oft wie eine Massenschlägerei aussieht, gehört der Pogo zumindestens nicht im engeren Sinne zu den Tänzen.

VI 9. f)   Märsche

Märsche sind eine rhythmische (Geh-)Bewegung von Soldaten zu Marschmusik. Sie dient dem Aufrechterhalten des Gleichschritts und auch der psychischen „Gleichschaltung" sowie teilweise der Zurschaustellung der militärischen Macht.

Hier liegt zwar die rhythmische Bewegung einer Gemeinschaft vor, aber kein Tanz.

VI 10. Indische Tänze

VI 10. a) indischer Tempeltanz

Der indische Tempeltanz besteht aus zwei Komponenten: einer Form der abstrakten Pantomime wie es sie ähnlich im rituellen afrikanischen Tanz und auch im klassischen Ballett gibt, sowie einer rein rhythmischen Form.

Dieser Tanz wird in Indien „Kathakali", d.h. „Geschichten-Schauspiel" genannt. Schon der Name zeigt, daß es sich hier um die Darstellung einer Erzählung aus früheren Zeiten handelt, meistens um die Aufführung einer Mythe. Die Geschichten werden ohne Worte zu Trommelmusik dargestellt. Hierin gleicht dieser Tanz dem afrikanischen Tanz, den ozeanischen Tänzen und den rituellen Tänzen der Azteken sowie (abgesehen von der Trommelmusik) auch dem klassischen Ballett.

Die Tänzer werden zehn Jahre lang in den verschiedenen Bewegungsabläufen ausgebildet. Bei den Tänzen sind sie entweder stark geschminkt oder tragen Masken. Sie stellen fast ausschließlich Götter und Dämonen dar.

Viele indische Tempeltänze beginnen am Abend und schildern den Kampf eines Gottes mit den Dämonen, bis der Gott schließlich bei Sonnenaufgang die Dämonen besiegt. Diese Tänze sind offenkundig von den Jenseitsreise-Mythen des Sonnengottes geprägt worden.

In dem halb-pantomimischen Teil liegt das Zentrum der in diesen Tänzen bewegten Lebenskraft deutlich spürbar bei dem Tänzer, der den Gott darstellt, oder bei der Tänzerin, die eine Göttin verkörpert. Hier sind die Tänzer und Tänzerinnen Magier-Priester bzw. Zauberinnen-Priesterinnen, die die betreffende Gottheit in sich hineinrufen und in ihrem Erleben zu dieser Gottheit werden – den Übergang von „nur Tänzer" zu „Gottheit-Tänzer" kann man auch als Zuschauer deutlich wahrnehmen.

Auch im indischen Tempeltanz sind die Tänzer wie ihre Kollegen in Afrika und in Mittelamerika „Lenker der Lebenskraft", nur daß die Tänze in Indien ein allgemeines, durch die Jahreszeit o.ä. vorgegebenes Thema haben und nicht wie in Afrika meistens ein spezielles Ziel aus aktuellem Anlaß haben.

Diese Standardisierung des rituellen Tanzes in Indien ist ein Aspekt des Königtums und des mit ihm verbundenen Monotheismus, die auch die indische Kultur stark geprägt haben.

In dem nur rhythmischen Teil liegt das Zentrum auf dem Rhythmus, also zugleich in den Tänzern und den Trommlern. Während das Trommeln in dem halb-pantomimischen Teil nur eine Untermalung des Tanzes ist, trägt das Trommeln in dem rhythmischen Teil die Bewegungen der Tänzer.

Der tibetische Klostertanz und die thailändischen Apsara-Tänze ist eine kaum veränderte Variante des indischen Tempeltanzes.

indischer Tempeltanz

tibetischer Klostertanz

115

thailändischer Apsara-Tanz

VI 10. b) Yoga- „Tänze"

Im Yoga gibt es einige Asana-Folgen, also Reihen von Haltungen, die der Yogi einnimmt, die Ähnlichkeit mit einem sehr langsamen Tanz haben. Insbesondere den „Sonnengruß" kann man als eine sehr bedächtige Form des Sonnentanzes ansehen.

Diese Bewegungsfolgen gehören allerdings nur in einem sehr weiten Sinne noch zu den Tänzen.

116

VI 11.   indianische Tänze

VI 11. a)   indianische Tänze

Die indianischen Tänze sind den rituellen afrikanischen Tänzen und auch den indischen Tempeltänzen sehr ähnlich: Sie stellen halb-pantomimisch und teilweise mithilfe von Masken zu Trommelmusik die wichtigen Themen der Gemeinschaft dar und sind magische Hilfsmittel, um den erwünschten Zustand zu erreichen – z.B. um die Büffelherden herbeizurufen.

Eine Trennung in einen darstellenden und in einen rhythmischen Teil wie im indischen Kathakali gibt es bei den rituellen indianischen Tänzen nicht. Der indianische Tanz und der afrikanische Tanz gleicht sich auch darin, daß zu den meisten Tänzen Lieder gesungen werden. Anscheinend haben die Indianer und die Afrikaner die jungsteinzeitliche Tradition am unverändertsten bewahrt.

Diese Tänze sind Gemeinschaftstänze, d.h. die Gruppe von Menschen, die ein gemeinsames Ziel hat, tanzt auch die magisch wirksamen Tänze, die dem Erreichen dieses Ziels dienen.

Sowohl der Tanz als auch das Trommeln und die Lieder dienen gemeinsam dem Erreichen des Zieles, das durch den Tanz und die Lieder ausgedrückt wird.

Während die Indianer in Nord- und Südamerika bei ihrer Entdeckung durch die Europäer um 1500 n.Chr. weitgehend auf der Stufe der Jungsteinzeit gelebt haben, hatte sich in Mittelamerika und im nördlichen Südamerika bereits ein Königtum herausgebildet.

Daher finden sich bei den Azteken, den Mayas und den Quetchuas („Inkas") auch die komplexeren Tanzformen, die für die späte Jungsteinzeit und das frühe Königtum typisch sind. In diesen Tänzen werden mit großem tänzerischem Aufwand und mit einem ebensogroßen Aufwand an Kostümen und Masken einzelne Mythen dargestellt. Diese Tänze entsprechen stilistisch dem indischen Tempeltanz und von ihrer Absicht her auch den frühen Formen des klassischen Balletts, als in diesem noch mythologische Szenen mit Gottheiten aufgeführt worden sind.

Diese indianischen Tänze aus Mittelamerika sind bereits die Aufführungen von Spezialisten, die dafür ausgebildet worden sind.

Wie bei dem indischen Tanz liegt die Konzentration der Lebenskraft auch bei den rituellen mittelamerikanischen Tänzen bei dem Haupttänzer, der diese Lebenskraft durch seinen Tanz und seine Imaginationen ruft und dann am Ende seines Tanzes dahin leitet, wo sie gebraucht wird – zum König, in die Felder, in die Krieger usw.

indianische Tänze

Dakota: Geistertanz

Navahos: Kürbistanz

Hopi: Büffeltanz

Hopi: Schlangentanz

Azteken: Tod

Azteken: Quetzal-Vogel (?)

Azteken: Adler

südamerikanischer ritueller Paartanz

Paiute-Frauen: Geistertanz

Algonkin: Ahnentanz (?)

Cherokee: Adlertanz (moderne Fassung)

Seminolen: Maistanz

Seminolen: Bärentanz

VI 12.   Spezielle neuere Tänze

VI 12. a)   Stepptanz

Beim Stepptanz, der um etwa 1830 in den USA entwickelt wurde, tragen die Tänzer Schuhe, an deren Sohlen vorne an den Fußspitzen und hinten an der Ferse je eine kleine Metallplatte angebracht ist. Das gibt den Tänzern die Möglichkeit, bei ihrem Tanz mit ihren Schuhen verschiedene Klopfgeräusche zu machen – es sind immerhin 16 Möglichkeiten unterschieden und benannt worden. Der Stepptänzer ist gleichzeitig auch ein „Percussion-Spieler".

Derartige Metallplättchen an den Schuhen wurden auch schon zuvor von den Flamenco-Tänzern benutzt, um Klopftöne mit ihren Schuhen machen zu können.

Der Stepptanz zicht naturgemäß alle Aufmerksamkeit sowohl der Tänzer als auch der Zuschauer auf die Bewegungen der Füße – einer der vielen Ansätze, die kopflastige Grundhaltung in der damaligen Kultur ein wenig zu erden …

VI 12. b)   Eurythmie

Die Eurythmie ist ein Schreittanz, der ab ca. 1920 von Rudolf Steiner entwickelt worden ist. Als Schreittanz ist er eine Bewegungskunst, die vor allem in einem Konzept und im Verstehen, also in den drei oberen Chakren verankert ist.

Dieser Tanz enthält eine Reihe von Gesten, die den Buchstaben sowie den Tönen und den Intervallen in der Musik entsprechen. Eurythmie wird fast immer zu einem gesprochenen Text oder zu einem live gespielten Musikstück aufgeführt.

Die Eurythmie ist in gewisser Weise eine Illustration des Textes oder der Musik, zu der sie getanzt wird, da die Eurythmisten durch ihre Körperhaltungen und durch ihre Bewegungen im Raum den Charakter des Textes bzw. der Musik veranschaulichen wollen. Aufgrund dieses „Erläuterungs-Charakters" wurde sie bis vor gut zehn Jahren ausschließlich mit dem Gesicht der Eurythmisten zum Publikum aufgeführt.

Die Absicht der Eurythmie ist es, durch das Erkennen von Gesetzmäßigkeiten Bewegungsformen zu finden und aufzuführen, die sozusagen das innere Wesen eines Textes und der Musik sichtbar werden lassen.

In der Heileurythmie werden diese Gesetzmäßigkeiten dazu benutzt, um Krankheiten mithilfe der Haltungen und Bewegungsfolgen, die dem geheilten Zustand der Krankheit entsprechen, den Körper an seinen gesunden Zustand zu erinnern und dadurch die Krankheit selber zu heilen.

In der Sozialeurythmie wird dasselbe Verfahren auf die Störungen in einer Gemeinschaft angewendet.

Es gibt in der Eurythmie auch einige Bewegungsfolgen, die Rituale mit einer beabsichtigen magischen Wirkung sind – aber diese Rituale machen nur einen sehr kleinen Teil der Eurythmie aus.

Die Eurythmie gehört in den Randbereich des Tanzes und wird auch von den Eurythmisten selber weniger als ein Tanz, sondern eher als eine den Ausübenden und den Zuschauer heilende Bewegungskunst aufgefaßt.

Eurythmie

VI 13.   Religiös-magische Tänze

VI 13. a)   Tiertänze

Die Tiertänze sind eine wichtige Form der „magischen Tänze". Sie sind weltweit verbreitet und müssen daher schon sehr alt sein.

Sie werden ursprünglich in der Altsteinzeit entsprechend dem Assoziations-Prinzip dazu gedient haben, sich mit den Tieren zu verbinden und ihre Eigenschaften zu übernehmen: zum einen die Stärke des Panthers und zum anderen die Fruchtbarkeit und Zeugungskraft der Rinder. Als drittes wird es noch die Verbindung mit den Seelenvögeln wie z.B. in den Kranichtänzen gegeben haben, durch die man den Kontakt zu den eigenen Ahnen wiederhergestellt hat.

In der Jungsteinzeit wurde aus der Assoziation mit den konkreten Tieren die Herstellung der Analogie zu dem Urbild einer Tierart, also die Anrufung einer Tiergottheit. Aus dieser Zeit wird auch die „persönliche Analogie" zu einem Tier stammen, das man dann als das eigene Krafttier erlebt – die Verbindung mit dem Tier, dessen Charakter dem eigenen Charakter am ähnlichsten ist, kann am besten die eigenen Kraft verstärken.

Im Königtum sind die Tiergottheiten nach und nach entweder zu Symbolen geworden oder ganz verschwunden. So wurde z.B. in Ägypten aus dem im Morgenrot wiedergeborenen Seelenvogel des Sonnengottes der Phönix; in China wurde aus der Sonne in der Unterwelt als Riesenschlange der Drache als Symbol des chinesischen Kaisers; und aus dem Großraubtier, mit denen sich einst die Jäger verbunden hatten, wurde allgemein ein Symbol der Macht der Könige.

Diese Tiertänze sind hauptsächlich freie Tänze, bei denen man sich meist zu Trommelmusik und evtl. mit seinem Fell bekleidet wie das betreffende Tier bewegt, evtl. seine Stimme nachahmt und sich selber vorstellt, die Gestalt dieses Tieres zu haben.

Eine ähnliche Erfahrung wie mit dem Tier, das einem am meisten gleicht, kann man auch mit der Pflanze machen, deren Haltung einem selber am besten entspricht, sowie mit dem Stein, dessen Struktur der eigenen Struktur am ähnlichsten ist. Mir sind allerdings keine entsprechenden „Pflanzen-Tänze" oder „Stein-Tänze" bekannt – vielleicht einfach deshalb, weil das Element der Bewegung zu den Tieren gehört …

Diese drei „Kraft-Wesen" sind die eigenen „Verbündeten": das Krafttier in der Bewegung, die Pflanze in der Haltung und der Stein in der Struktur.

Bei diesen Tiertänzen steht der Tänzer und sein Tier im Mittelpunkt – die Trommeln sind nur eine Unterstürzung für den Tänzer. Die anderen Teilnehmer des Tanzes, die Trommler und evtl. die Menschen, die noch dabeistehen, können bei diesen Tänzen zwar auch sehen, welche Tiere in den Tänzern erwachen, aber das ist nicht das

Wesentliche dieses Tanzes.

Der Grund für diese Tiertänze ist entweder die Selbsterkenntnis des Tänzers (wenn ihm sein Tier noch nicht bekannt ist) oder das Herbeirufen des eigenen Tieres, um seine Kraft in sich zu verstärken oder um es um Rat und Hilfe zu bitten.

Menschen mit demselben Krafttiere schließen sich in Kulturen, in denen diese Tiere allgemein bekannt sind, zu Clanen zusammen, die dann bei manchen Gelegenheiten auch gemeinsam ihr Tier tanzen.

Ich habe zwar selber noch keinen Tanz erlebt, bei dem mehrere Menschen, die dasselbe Krafttier haben, gemeinsam tanzen, aber ich habe immerhin einmal alle Menschen eingeladen, von denen ich wußte, daß sie wie ich auch zum Wolfsclan gehören. Es sind zwar nur zwei Personen gekommen, aber es war schon ein markantes Erlebnis zu sehen, wie ähnlich wir drei uns verhalten haben und wie einfach man die Haltungen der anderen verstehen konnte.

Dieses Verständnis bedeutet allerdings keineswegs, daß man sich gut verträgt oder daß man sich oft sehen will – es bedeutet nur, daß man auf der Ebene der Lebenskraft, also in Bezug auf die Instinkte und die Handlungsweise den anderen ohne jede Mühe versteht.

VI 13. b) Indianischer Reifentanz

Bei diesem erzählenden Tanz verwenden die Tänzer bis zu 30 Reifen, die 1m bis 2,5m Durchmesser haben. Mit ihrer Hilfe werden während dieses sehr schnellen Tanzes ständig neue Figuren vor allem von den Tieren dargestellt, die in der erzählten Geschichte auftreten.

Der Tanz wird zu Trommel und Flöte getanzt und beschreibt die guten Eigenschaften der Tiere wie Güte, Treue und Freundschaft, die die Menschen von ihnen lernen sollten.

In diesem Tanz liegt die Aufmerksamkeit bei den Tieren und ihren Eigenschaften. Man kann den Reifentanz als einen Gemeinschaftstanz aller Krafttiere auffassen.

indianischer Reifentanz

VI 13. c) *Sonnentänze*

Sonnentänze sind nur von den Indianern und aus Afrika bekannt. Während es über die indianischen Sonnentänze viele Berichte gibt, ist es mir nicht möglich gewesen, etwas über die afrikanischen Sonnentänze zu erfahren – mein Tanzlehrer Papafiu kennt diese Tänze, aber er hat mir nie etwas über sie erzählt oder sie mir gar gezeigt.

Der indische Tempeltanz und der „Sonnengruß" aus dem Yoga gehen recht sicher ebenfalls auf Sonnentänze zurück, aber sind schon sehr stark weiterentwickelt worden.

Bei den indianischen Sonnentänzen wird vier Tage lang von Sonnenaufgang bis Sonnenuntergang ohne Trinken, Essen und Schatten zu Trommel und Gesang getanzt. In der Regel steht in der Mitte des Tanzplatzes ein Baum, der offensichtlich ein Weltenbaum ist, d.h. der der symbolische Weg der Tänzer zur Sonne bzw. der Weg der Sonne zu den Tänzern.

Die meisten Indianer haben die Ansicht, daß der eigene Körper das einzige ist, was man wirklich opfern kann, da nur der eigene Körper einem wirklich selber gehört. Daher wird bei den Sonnentänzen einiger Stämme ein Teil des eigenen Körpers geopfert, um die Sonne herbeizurufen.

Für dieses Opfer werden kleine Holzpflöcke durch die Haut an der Brust oder am Rücken gestochen und diese Holzpflöcke dann mit einem Seil entweder an den Baum oder an Büffelschädel, die auf dem Platz liegen, gebunden. Am Ende des Tanzes hängen sich die Tänzer dann mit ihrem ganzen Gewicht an diese Seile, damit die Haut reißt. In manchen Ritualen werden die Tänzer auch an diesen Seilen an den Baum gehängt, bis sie herunterfallen.

Derartige Selbstopfer sind in indianischen Ritualen in Nord- und Mittelamerika weit verbreitet. Aus Südamerika sind sie mir nicht bekannt, aber vermutlich hat es sie auch dort gegeben.

Durch den Sonnentanz machen die Tänzer eine Jenseitsreise und erleben Visionen, die ihnen Rat für ihr Leben oder auch für Probleme in der Gemeinschaft, zu der sie gehören, geben.

Im Zusammenhang mit den Sonnentänzen werden manchmal auch Heilungszeremonien durchgeführt, die aufgrund der Anwesenheit der Sonne und der großen Menge an Lebenskraft, die durch den viertägigen Tanz und die Selbstopfer in Bewegung gerät, oft sehr wirkungsvoll sind.

Der Sonnentanz muß im Laufe der folgenden Jahre dreimal wiederholt werden – möglicherweise bezieht sich dies auf die vier Himmelsrichtungen, die in den Mythen der Indianer eine große Rolle spielen.

Den Mythen der Lakota-Indianer zufolge hat die Weiße Büffelfrau, die die Beschützerin der Gemeinschaft ist, den Indianern den Sonnentanz gebracht. Der Sonnentanz dient offenbar auch der Förderung der Gemeinschaft – wie ja auch schon das gemeinschaftliche Tanzen selber zeigt.

Bei den Navahos in Arizona wird der Sonnentanz von jungen Frauen im Alter von 14-16 Jahren durchgeführt. Dabei tanzen sie drei Tage lang und schlafen die beiden dazwischenliegenden Nächte nicht. Durch diesen Tanz, bei dem sie sich mit weißem Lehm bemalen, verbinden sie sich mit Changing Women, die in etwa der Weißen Büffelfrau der Lakota entspricht.

Viele indianische Medizinmänner halten den Sonnentanz für die älteste Zeremonie der Indianer. Wenn man die weltweite Verbreitung des Sonnenkultes sowie die Orientierung schon der ersten Tempel in Göbekli Tepe am Sonnenlauf bedenkt, muß dieses Ritual zumindestens bis in die späte Altsteinzeit zurückreichen – möglicherweise bis zu dem ersten Homo sapiens in Südwestafrika vor ca. 100.000 Jahren.

Lediglich die Schwitzhütten-Zeremonie wird älter sein, da diese vermutlich schon durch den Homo erectus entwickelt worden ist, als dieser vor 600.000 Jahren in der kalten nordeurasiatischen Tundra während der Eiszeit zu jagen begann und dabei notgedrungen die ersten Hütten erfand, die sich dann zu den „beheizten" Schwitzhütten weiterentwickelt haben.

indianischer Sonnentanz

Pueblo: Sonnentanz

Prärie-Indianer: Sonnentanz

VI 13. d) Ahnen-Tänze

Mit den Ahnen-Tänzen werden die Ahnen herbeigerufen. In den früheren Kulturen, in denen es keine Schulen, Krankenversicherungen und Renten gegeben hat, beruhte der Halt des Einzelnen ganz auf der eigenen Kraft und auf der Unterstützung durch die Gemeinschaft – insbesondere durch die eigenen Eltern. Der Tod der eigenen

Eltern war daher der größte Verlust überhaupt.

Daher gab es das Bestreben, den Kontakt zu den Eltern auch zu erhalten, wenn diese im Jenseits waren. In diesen frühen Kulturen ist der Schamane der „Magie-Spezialist". Man wird zu einem Schamanen, indem man sich durch einen Nahtod als seine eigene Seele über seinem eigenen Leib schwebend erlebt hat und anschließend durch Übung die willentliche Wiederholung dieser „Astralreise" erlernt. Durch dieses Erlebnis weiß der Schamane, daß es eine Seele gibt – er kann in ihr mit seinem Bewußtsein seinen Leib verlassen.

Daher kann er auch mit anderen Seelen Kontakt aufnehmen – sowohl mit den Seelen der Lebenden in Heilungsritualen als auch mit den Seelen der Toten in der Zeremonie, die inzwischen in der westlichen Zivilisation als „Familienaufstellungen" bekannt geworden ist.

Neben dieser individuellen Kontaktherstellung zu einem bestimmten Verstorbenen durch den Schamanen gibt auch die allgemeine Einladung der Ahnen mithilfe von Tänzen. Bei diesen Tänzen liegt der Fokus auf den Ahnen – die dabei gesungenen Lieder sind das Mittel, um sie rufen, und die Tänze und das Trommeln verleihen diesen Liedern Kraft und Nachdruck.

VI 13. e) Tänze mit magischer Wirkung

Es gibt viele verschiedene Tänze, die wie der Sonnentanz, die Tiertänze und die Ahnentänze auf eine magische Wirkung abzielen – durch den Tanz wird die Lebenskraft bewegt und Magie ist vor allem auf ein Ziel hin gelenkte Lebenskraft.

Zu den bekannteren „magischen Tänzen" zählen auch die Regentänze und die Kriegstänze.

Der Aufbau dieser Tänze ist stets recht ähnlich: Das Angestrebte wird durch Gesang, Tanz, Trommeln, Masken u.ä. möglichst eindrücklich von der Gemeinschaft dargestellt und auf diese Weise herbeigerufen. Alle diese Elemente des Rituals sind letztlich Konzentrations-Hilfsmittel, die durch die Erschaffung eines möglichst lebhaften äußeren und inneren Bildes die Lebenskraft in die gewünschte Richtung lenken.

Die Tänze mit angestrebter magischer Wirkung folgen einem einfachen Prinzip: Der Wille definiert das Ziel, die Imagination lenkt die Lebenskraft, und die Lebenskraft lenkt den „sinnvollen Zufall" und kann auch direkt die materielle Welt verwandeln (Telepathie, Telekinese u.ä.).

VI 13. f) Trancetanz

Wie kann man auf eine einfache Weise eine Trance jemandem, der sie noch nicht erlebt hat, erklären? Letztlich ist das nicht möglich – man kann mit den Worten nur in die Richtung deuten, in der man sie suchen kann, wenn man sie erleben möchte …

Zudem gehört die Trance auch nicht gerade zu den Dingen, für die es eine klare Definition gibt, die allgemein anerkannt wird.

Das Wort „Trance" bedeutet „hinüber" und beschreibt offenbar dasselbe wie das Wort „Ekstase", das „Hinaustreten" bedeutet. Sowohl das „hinüber" als auch das „Hinaustreten" bezieht sich auf das Grunderlebnis der Schamanen, auf das Hinaustreten der Seele aus dem physischen Leib, wodurch man den eigenen Körper selber mit seinem Bewußtsein von oben her betrachten kann, während man ein Stück über sich selber schwebt. Dieses Erlebnis wird auch „Astralreise" genannt.

Mit einem Trancetanz ist in aller Regel jedoch nicht ein Tanz gemeint, den man solange tanzt, bis man mit seiner Seele („Astralkörper") seinen physischen Körper verlassen hat („Astralreise"). Stattdessen bezieht sich der Begriff „Trance" im Zusammenhang im Tänzen eher allgemein auf einen veränderten Bewußtseinszustand.

Dieser Bewußtseinszustand kann einfach eine erhöhte Konzentration sein, wie sie z.B. durch die Drehtänze der Derwische erlangt werden kann.

Es kann auch ein Zustand sein, der durch heftige rhythmische Bewegungen wie z.B. durch das Schütteln des Kopfes („Headbanging") oder ständiges Springen in die Höhe mit beiden Beinen gleichzeitig („Pogo") erlangt werden kann. Der Effekt ist derselbe wie bei einer Mantra-Meditation oder beim Singen eines ständig wiederholten Verses („Chanten"): Durch die Wiederholung einer immer gleichen Bewegung oder desselben Wortes, Satzes oder Gesangs entsteht ein Rhythmus in der Psyche, der die manchmal eher wirre Vielfalt der psychischen Vorgänge in einem einheitlichen Muster koordiniert und dadurch ein anderes Grundgefühl entstehen läßt.

Die EEG-Wellen der Aufregung (16Hz) werden in die doppelt so langen und halb so schnellen EEG-Wellen des Wachbewußtseins (8 Hz) eingegliedert, diese wiederum in die doppelt so langen und halb so schnellen EEG-Wellen des Traumbewußtseins (4Hz) und diese schließlich in die doppelt so langen und halb so schnellen EEG-Wellen des Tiefschlafs (2Hz).

Mit dem Traumbewußtsein ist der Kontakt mit der Lebenskraft und daher auch mit dem Krafttier verbunden. In diesem Zustand befindet man sich auch bei einer Traumreise, also in einem Traum, den man jedoch bei vollem Bewußtsein träumt – dabei sind das Wachbewußtsein und das Traumbewußtsein miteinander koordiniert worden.

Mit dem Tiefschlaf ist der Kontakt mit der eigenen Seele verbunden. In diesem Zustand sind das Wachbewußtsein, das Traumbewußtsein und das Tiefschlafbewußtsein miteinander koordiniert worden.

Durch Schmerz (z.B. im indianischen Sonnentanz) oder durch Erotik kann das

Ekstase-Bewußtsein geweckt werden, das dann ebenfalls noch in dieses umfassende und koordinierte Bewußtsein integriert werden kann.

Trancetänze bestehen im Wesentlichen aus lange Zeit wiederholten rhythmischen Bewegungen, die mit hoher Intensität (heftige Bewegungen) oder mit hoher Konzentration (z.B. Drehtänze) durchgeführt werden. Dadurch kann einem die Ebene der Lebenskraft bewußt werden und anschließend auch die Ebene der Seelen – und wenn man dann noch weitergeht, kann man die Ebene der Gottheiten und schließlich die Einheit finden.

Die Ausrichtung bei Trancetänze ist die Reise nach innen zu den eigenen Wurzeln und letztlich zu der Quelle der Welt in Gott.

VI 13. g)   Meditationstanz

Dies ist eine Neuentwicklung, die meistens der Förderung der Wachheit, Aufmerksamkeit und Achtsamkeit dient. Diese Tänze bestehen in der Regel aus langsamen, einfachen Bewegungsfolgen, die über längere Zeit hinweg zu Musik oder Gesang wiederholt werden.

Diese Form des Tanzes bezieht sich vorwiegend auf die drei oberen Chakren und ist daher ein Schreit-Tanz, denn die schwingenden Tänze regen die drei unteren Chakren an.

VI 13. h)   rituelle Tänze

Rituelle Tänze unterscheiden sich letztlich nicht sehr von den Tänzen mit angestrebter magischer Wirkung. Während die „magischen Tänze" jedoch auch spontane, individuelle Schöpfungen sein können, folgen die rituellen Tänze einem traditionellen Vorbild und beziehen sich in aller Regel auf eine Mythologie.

In ihnen wird meistens eine Gottheit durch einen Tänzer verkörpert. Diese Gottheit hat in der durch den Tänzer dargestellten Mythe etwas erreicht hat (z.B. den Sieg über die Regenräuberschlange), das das Urbild für die Erfüllung des Wunsches des Tänzers bzw. der Gemeinschaft ist, die den Tänzer mit dem Tanz beauftragt hat (z.B. das Herbeirufen des Regens).

Bei einem solchen Tanz ist die Gemeinschaft auf den Tänzer und über diesen auf die Gottheit ausgerichtet, während der Tänzer sich mit der betreffenden Gottheit identifiziert. Das „Feuer" für die Konzentration sowohl des Tänzers als auch der Gemeinschaft ist der Wunsch, dessen Erfüllung durch diesen Tanz herbeigeführt werden soll.

VI 14.   Formen der Improvisations-Tänze

VI 14. a)   Improvisation zu vorgegebener Musik

Bei dieser Form des Tanzes z.B. in der Disco stehen die Gefühle der Tänzer im Zentrum – wenn die Musik einigermaßen zu den eigenen Gefühlen paßt, drückt man die eigenen Gefühle durch die eigenen Bewegungen aus.

Diese Gefühle können sehr heftig sein wie z.B. beim „Aggressionsabbau", aber sie können auch einfach die Freude an der Bewegung sein.

Vermutlich wird dies für die meisten Menschen die einfachste und naheliegendste Form des Tanzes sein.

VI 14. b)   Fünf-Rhythmen-Tanz

Die amerikanische Tänzerin Gabrielle Roth hat ca. 1975 aus ihren eigenen Erfahrungen mit dem Tanzen heraus eine Folge von fünf Tanz-Dynamiken beschrieben, die sich aus einer inneren Logik heraus auseinander ergeben. Eine solche Folge wurde von ihr „Welle" genannt.

Die fünf Phasen einer solchen Tanz-Welle, zu denen Gabrielle Roth verschiedene Lebensbereiche zugeordnet hat, sind:

1. Fließen:	Geburt	Sein	Körper	Furcht
2. Stakkato:	Kindheit	Lieben	Herz	Angst
3. Chaos:	Pubertät	Wissen	Bewußtheit	Trauer
4. Lyrisch:	Erwachsensein	Sehen	Seele	Freude
5. Stille:	Tod	Heilen	Geist	Mitgefühl

Diese Tänze werden von einem Tanzlehrer angeleitet, der am Anfang kurz die fünf Phasen erläutert und dann für die ca. 2 Stunden, die eine „Welle" dauert, die Musik auflegt. Dabei hat er ähnlich dem Tanzleiter im afrikanischen Tanz die Aufgabe, zu schauen, ob die Tänzer und Tänzerinnen die jeweilige Phase schon abgeschlossen haben oder ob sie noch etwas Zeit oder eine bestimmte Musik brauchen.

Die Dynamik des Tanzes ergibt sich aus der Musik und aus den Gefühlen, die in der vorhergehenden Tanz-Phase in den Tänzern und Tänzerinnen aufgetaucht sind. Der Lehrer lenkt den Tanz fast ausschließlich durch die Auswahl der Musik, die er auflegt.

In Wochenend-Seminaren können die einzelnen Phasen der Wellen einzeln getanzt, betrachtet und das Erlebnis in ihnen noch vertieft werden.

Der Fünf-Rhythmen-Tanz hat zwar einen vorgegebenen Entwicklungsbogen und zählt daher zu den geleiteten Tänzen, aber da alle Teilnehmer frei sind, sich so zu bewegen, wie es ihnen gerade entspricht, ist die Vorgabe im Grunde nicht größer als in einer Disco, in der sich die Tänzer die Musik auch nicht aussuchen können.

Bei dieser Form des Tanzes liegt der Fokus auf dem Selbsterleben der Tänzer.

VI 14. c) Improvisation von Musik und Tanz

Die Improvisation von sowohl Musik als auch Tanz ist die freieste Form des Tanzes überhaupt. Sie entsteht ganz aus dem Augenblick heraus und ist u.a. ein Gespräch zwischen den Tänzern und den Musikern.

Aus der Ungeplantheit dieses Tanzes ergibt sich, daß es auch Phasen des Chaos oder der völligen Stille, die aber sehr „gefüllt" sein kann, gibt.

Zudem kann keine solche gemeinsame Improvisation in gleicher Form wiederholt werden – sie ergibt sich aus dem Augenblick und drückt das aus, was in den Musikern, den Tänzern, an dem Ort und in den eventuellen Zuschauern da ist.

VI 14. d) Tanz-Improvisation ohne Musik

Diese Form ist eher selten und erscheint fast nie in der Öffentlichkeit, sondern eher als spontaner Tanz, den jemand aus dem Augenblick heraus dort tanzt, wo er gerade ist.

VI 14. e) Contact-Dance

Dieser Improvisations-Tanzstil wurde um ca. 1975 in New York entwickelt. Der Unterschied zur „normalen Tanz-Improvisation" besteht darin, daß die Tänzer und Tänzerinnen auf die verschiedensten Weisen sehr viel Kontakt zueinander aufnehmen: mit der Hand sanft berühren, sich Rücken an Rücken lehnen, auf einen liegendem Tänzer legen, Hand in Hand durch den Raum gehen – alles, was zwei Tänzern oder einer Gruppe von sich Berührenden willkommen ist, kann getan werden.

Dieser Tanz erfordert zum einen die Bereitschaft zur Nähe und zum anderen ein sicheres Ruhen im Augenblick, um die richtige Bewegung in sich zu erspüren – und es ist natürlich auch sowohl Mut zum Kontakt als auch eine große Wachheit für den anderen notwendig.

VI 15.   Tänze an ungewöhnlichen Orten

VI 15. a)   Eiskunstlauf/Eistanz

Der Eistanz, eine Sonderform des Eiskunstlaufs, enthält zwar tänzerische Elemente, aber er gehört wie das Capoeira oder der Breakdance eher in den Randbereich des Tanzes – zu den Schreittänzen, da beim Eislauf ein Schwingen kaum möglich ist.

Eistanz

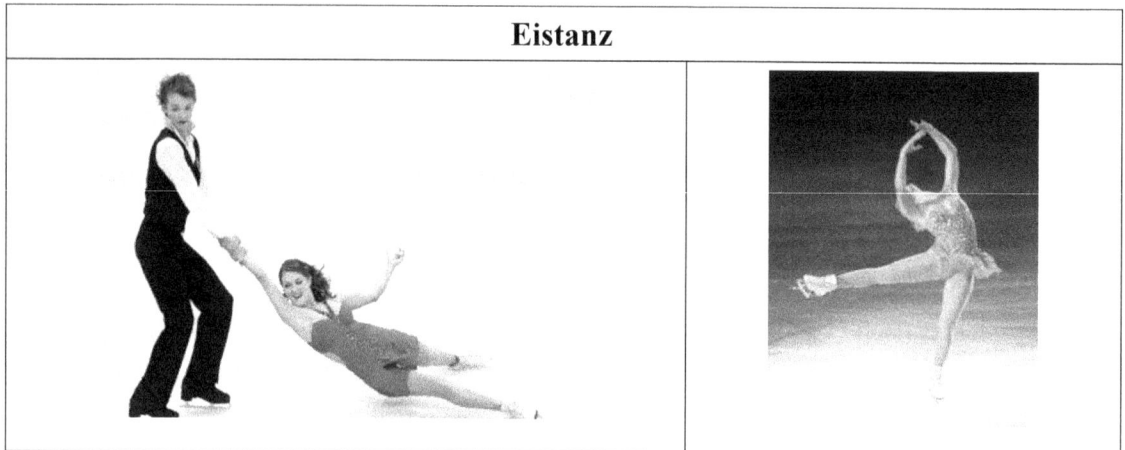

VI 15. b)   Bandaloop

Eine noch experimentellere Tanzform ist das Bandaloop, bei dem die Tänzer an Seilen meterweit über dem Boden hängen und tänzerische Bewegungen mit dem Klettern an den Seilen kombinieren.

Bandaloop

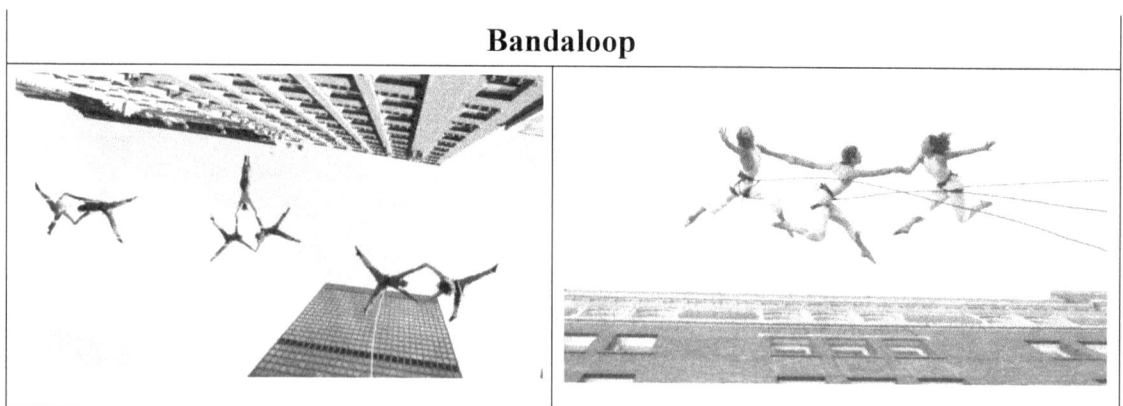

VI Zitate über den Tanz

„*Nichts ist dem Menschen so unentbehrlich wie der Tanz.*"

Moliére

„*Jeder Schritt ist gefährlich,*" pflegte ein Tanzlehrer zu sagen, „*er könnte der Anfang eines neuen Tanzes sein.*"

Stanislaw Jerzy Lec

„*Wir denken zu viel und tanzen zu wenig.*"

(Herkunft unbekannt)

„*Tanzen kann kein Irrtum sein.*"

(Herkunft unbekannt)

„*Vielleicht ist das Leben nicht die Party, die wir erhofft haben, aber wenn wir schon mal da sind, sollten wir tanzen.*"

(Herkunft unbekannt)

„*Würden wir mehr tanzen, wäre die Welt anders.*"

Andreas Nero Nick

„*Tanzen ist wie Singen mit dem Körper.*"

(Herkunft unbekannt)

„*Schön ist, was die Seele tanzen läßt.*"

Andreas Tenzer

„*Der Tanz ist einfach eine leuchtende Äußerung der Seele.*"

Isadora Duncan

„*Wo immer Tanzende mit dem Fuß auftreten, da entspringt dem Staub ein Quell des Lebens.*"

Dschalal ad-din Muhammad Rumi

„*Niemand kann mir nehmen, was ich getanzt habe.*"

Spanien

„Man ist nur glücklich, wenn man schläft oder wenn man tanzt."

Edmond de Goncourt

„Tanz ist ein Telegramm an die Erde mit der Bitte um Aufhebung der Schwerkraft."

Fred Astaire

„Arbeite als bräuchtest Du kein Geld,
liebe als wärest Du nie verletzt worden,
tanze als würde niemand zuschauen."

Satchel Paige

„Gib keinem Mann ein Schwert, dem Du nicht zuvor tanzen gelehrt hast."

Kelten

„Ich würde nur an einen Gott glauben, der zu tanzen versteht."

Friedrich Nietzsche

„Ich lobe den Tanz, denn er befreit den Menschen
von der Schwere der Dinge,
bindet den Vereinzelten an die Gemeinschaft.

Ich lobe den Tanz, der alles fordert und fördert –
Gesundheit und klaren Geist und eine beschwingte Seele.

Tanz ist Verwandlung des Raumes, der Zeit, des Menschen,
der dauernd in Gefahr ist zu zerfallen,
ganz Hirn, Wille oder Gefühl zu werden.

Der Tanz dagegen fordert den ganzen Menschen,
der in seiner Mitte verankert ist,
der nicht besessen ist von der Begehrlichkeit
nach Menschen und Dingen
und von der Dämonie der Verlassenheit im eigenen Ich.

Der Tanz fordert den befreiten, den schwingenden Menschen
im Gleichgewicht aller Kräfte.

Ich lobe den Tanz.

O Mensch lerne tanzen,
sonst wissen die Engel im Himmel mit Dir nichts anzufangen!"

Augustinus

VII   Spirituelle Aspekte des Tanzes

In den bisherigen Betrachtungen über den Tanz sind einige Aspekte des Tanzes beschrieben worden, die über seine physische und psychische Seite hinausgehen. Diese Aspekte sind nicht nur für Tempeltänze u.ä. von Bedeutung, sondern sie sind etwas, was in jedem Tanz präsent ist und eine Wirkung hat. Daher ist es förderlich, sich dieser Aspekte zumindestens bewußt zu sein – und sie bei Bedarf auch zu nutzen.

Dieses Kapitel soll jetzt aber keine detaillierte Einführung in die Magie und auch keine Diskussion über den Zusammenhang zwischen dem wissenschaftlichen und dem magischen Weltbild werden, sondern nur eine Zusammenfassung der Aspekte des Tanzes, in denen sich die Magie zeigen kann.

Eine ausführliche Darstellung der Magie findet sich in meinem „Handbuch für Zauberlehrlinge" und die Darstellung eines vereinheitlichten wissenschaftlich-magischen Weltbildes in meinem Buch „Physik und Magie".

Das grundlegende Element der Magie ist die Lebenskraft. Dies klingt wie ein ziemlich altmodisches und längst widerlegtes Konzept, aber es ist ein praktisches Bild, mit dem man viele Vorgänge zutreffend beschreiben kann – und eine funktionierende Beschreibung ist ein nützliches Hilfsmittel.

Man kann Heilungstänze, Kriegstänze, Regentänze u.ä. deutlich einfacher erfassen, wenn man sie mithilfe der Lebenskraft beschreibt, also mithilfe einer „bewußtseins-ähnlichen Substanz". Diese Lebenskraft wird weltweit und auch schon seit frühester Zeit als ein milchigweißes Leuchten mit einem leichten Blauschimmer beschrieben. Recht bekannt ist der „Nebel" in den Kristallkugel der Wahrsagerinnen und die Wahrnehmung der nur aus Lebenskraft bestehenden Totengeister, die aufgrund dieser Wahrnehmung als „Bettlaken-Gespenster" beschrieben werden. Die Indianer nennen diese Substanz „Rauch".

Es gibt auch recht einfache Anwendungen dieser Lebenskraft wie z.B. in Kreis-tänzen, wenn die Tänzer und Tänzerinnen durch Gesten und Schritte in der Mitte des Kreises Lebenskraft ansammeln – z.B. durch das typische „Drücken-Stoßen nach vorne mit den Handflächen" im afrikanischen Tanz.

Durch das Stampfen mit den Füßen wird das Erdfeuer gerufen und die eigene Kundalini geweckt. Wenn man dieses Stampfen mit der bildlichen Vorstellung verbindet, daß man sich selber in der Erde verwurzelt und sich dem Fließen des Lebensfeuers, wie die Lebenskraft in Afrika genannt wird, öffnet, dann wird deutlich mehr Kraft aus der Erde aufsteigen als ohne diese Imagination. Und wenn man das Stampfen mit der möglichst lebhaften Vorstellung, daß das eigene Wurzelchakra zu glühen beginnt, verbindet, wird die eigene Kundalini, d.h. die Lebenskraft in dem eigenen Lebenskraft-Kreislauf, wesentlich schneller zu strömen beginnen.

Die mit der Lenkung der Lebenskraft verbundenen Bilder geben dem eigenen Tanz zudem eine wesentlich größere Lebendigkeit und lassen daher eine größere Lebensfreude entstehen.

Das Gleichgewicht zwischen den drei oberen und den drei unteren Chakren ist ein wichtiges Element im Leben eines Menschen.

Wenn die Lebenskraft oben gefangen ist, befindet man sich auf der Dauer-Flucht, wird zum Asketen, zum Opfer und zum Fan und schaut dauernd zaghaft auf die anderen – man ist der Untergebe in einem starren, kopflastigen System.

Wenn die Lebenskraft unten gefangen ist, befindet man sich in einem Dauer-Angriff, wird zum Süchtigen, zum Täter und zum Star und setzt sich dauernd rücksichtslos gegen die anderen durch – man ist der Herr in einem starren, bauchlastigen System.

Wenn die Lebenskraft jedoch oben und unten ungefähr gleichmäßig verteilt ist, dann schwimmt man im Fluß des Lebens, ruht im Urvertrauen, vertraut auf die eigene Stärke und leuchtet in der eigenen Selbstliebe – man bewegt sich selbstbestimmt und Herz-zentriert in einer lebendigen Welt.

Am systematischsten ist die Herstellung dieses Gleichgewichts bei den Tibetern in ihre Meditationen integriert worden – sie rufen das Feuer der Erde in sich herauf und das Licht des Himmels in sich herab und vereinen es in dem eigenen Herzchakra. Dadurch vereinen sich der Orgasmus unten und die Erleuchtung oben zu dem Lächeln des Buddha.

Im Tanz läßt die Lebenskraft in den drei oberen Chakren das Schreiten, die Orientierung an Gottheiten, die Vorschriften, die Choreographien, die Konzepte, das Streben nach Perfektionismus und generell eine „Steuerung des Tanzes durch den Kopf" entstehen.

In den drei unteren Chakren läßt die Lebenskraft hingegen das Schwingen, die Ekstase, die Erotik, die Orientierung am eigenen Körper, die Wildheit und generell eine „Steuerung des Tanzes durch den Bauch" entstehen.

Wenn einem Tänzer beide Möglichkeiten zur Verfügung stehen und er sie wahlweise oder auch gleichzeitig in Kombination einsetzen kann, ist er in seinem Tanzen tatsächlich von inneren Mauern in seiner Psyche frei und daher auch in seinem Selbstausdruck frei. Dann wird sein Tanz lebendig sein.

Wenn die in dem vorigen Abschnitt beschriebene innere Freiheit erlangt worden ist, die durch das Auflösen der Blockaden in der eigenen Psyche und somit auch der sich daraus ergebenden Blockaden in dem eigenen Körper erreicht werden kann, kann der Tanz zu einem „Tanz des Herzens" werden, da dann die Impulse aus dem eigenen Herzen ungehindert durch die Psyche bis nach außen in die Haltungen und Bewegungen des Körpers strahlen können.

Ein Tanz des Herzens ist leicht daran erkennbar, daß der Tänzer oder die Tänzerin zu strahlen beginnt – ein Tanz des Herzens ist immer auch ein Tanz der Lebensfreude.

Wenn die inneren Blockaden aufgelöst worden sind, wird es einfach, die Identität im Herzchakra zu Wünschen werden zu lassen, die man dann in lebhafte Bilder faßt, damit sie schließlich die eigene Bewegung leiten und zugleich das eigene Leben durch sinnvolle Zufälle und durch Verwandlungen gestalten können.

Die inneren Bilder lenken die Lebenskraft und die Lebenskraft lenkt die Ereignisse. Wenn man die Angstbilder in sich geheilt hat, entsteht Raum für die Bilder des Herzens – dann kann das eigene Leben zu einem Abbild der eigenen Identität, die im Herzchakra lebt, werden.

Wenn die Identität im eigenen Herzchakra wieder ungehindert durch innere Angst- oder Suchtbilder durch die Psyche nach außen gelangen kann, beginnt wieder die Zeit, „in der die Wünsche Wirklichkeit werden".

Nachdem ich schon gut ein Jahr regelmäßig zum Ballettunterricht gegangen war, habe ich etwas Merkwürdiges erlebt. Mir fiel auf, daß ich dann, wenn wir nach einer Übung Iskras Anleitung für den nächsten Teil zugehört haben, mit meinen Armen im Abstand von knapp einer Armlänge von anderen Tänzern und Tänzerinnen eine Art „flirrende Hitze", die mit einem „elektrischen Prickeln" verbunden war, gespürt habe.

Erst dachte ich, daß die anderen „heiß-getanzt" wären, aber dann ist mir aufgefallen, daß diese Hitze nicht allmählich zunimmt, wenn ich mich dem anderen annähere, sondern an einer ganz bestimmten Stelle plötzlich beginnt und dann gleichbleibt, wenn ich mich weiter an den anderen annähere.

Das konnte keine normale Körperwärme sein, die die anderen ausstrahlen, denn diese hätte allmählich mehr werden müssen, wenn ich mich den anderen annähere. Daraus habe ich dann geschlossen, daß ich wohl die Aura, also den Rand des Lebenskraftkörpers der anderen wahrnehme.

Einige Wochen später standen wir im Ballettsaal nach dem Aufwärmen mit rumänischen Tänzen im Kreis und hörten wieder Iskra zu. Da habe ich auf einmal in der Mitte der Brust von allen Tänzerinnen und Tänzern ein goldenes Licht strahlen sehen – ich konnte plötzlich die Herzchakren der Menschen sehen.

Da ist es ganz still in mir geworden und wie strahlend und andächtig zugleich. In diesem Moment hat für mich die Unterscheidung in Mann und Frau, in alt und jung, in sympathisch und unsympathisch weitgehend ihre Bedeutung verloren – alle, die ich sah, waren Menschen und trugen ihre Seele in ihrem Herzchakra in ihrer Brust ...

Dieses Erlebnis war ein sehr großes Geschenk für mich.

Wenn man an einer Familienaufstellung teilnimmt, kann man erleben, wie real die Geschichte der eigenen Sippe bis heute nachwirkt, und daß man durch das Gespräch mit den Ahnen in einer solchen Familienaufstellung alte Familienthemen, die auch das eigene Verhalten geprägt haben, auflösen kann.

Daraus ergibt sich, daß Ahnentänze durchaus einen Sinn haben und wirkungsvoll sein können.

Wenn man für die Seelen der Ahnen tanzen und sie dadurch herbeirufen kann, kann man auch für die eigene Seele tanzen und sie dadurch herbeirufen – und der lebendige Kontakt zur eigenen Seele ist die wichtigste Wurzel für ein gedeihendes Leben.

So wie man durch einen „Familienaufstellungs-Tanz" die eigenen Ahnen und die eigene Seele rufen kann, kann man auch eine Gottheit rufen.

Rituelle Tänze beziehen sich stets auf Gottheiten und diese sind wiederum Teil einer Mythologie. Die Mythen sind eine Beschreibung der Welt durch Gleichnisse und Analogien. Die Realität solcher Analogien kann man am einfachsten in der Astrologie, im Tarotkarten-Legen oder in der Telepathie erleben.

Das ist jetzt natürlich sehr theoretisch – wie sich ein solcher Gottheiten-Tanz anfühlt, weiß man erst, wenn man einen solchen Tanz durchgeführt hat. Das Erlebnis einer Gottheit ist eindeutig: Gottheiten sind von ihrer Struktur schlicht und einfach, von ihrer Intensität her größer als das meiste, was man normalerweise erlebt, und von ihrer Größe her unbegrenzt und an vielen Orten gleichzeitig.

Das Verfahren bei der Anrufung einer Gottheit ist im Grunde immer dasselbe: eine klare Ausrichtung auf das Ziel und dann in den eigenen Bewegungen seiner Intuition folgen. Die klare Ausrichtung kann zu Beginn des Tanzes durch Anrufungen und Imaginationen unterstützt werden. Weitere Hilfsmittel sind die Tradition, die Tempel oder heiligen Orte, die Kleidung des Tänzers, Masken, in demselben Tanz mitwirkende andere Tänzer mit anderen Rollen, sowie andere Teilnehmer an dem Ritual, die innerlich an dem rituellen Tanz teilnehmen.

Rituelle Tänze sind in der Regel „uralt", aber es ist durchaus möglich, auch neue rituelle Tänze zu entwerfen. Sie werden dann die gewünschte Wirkung haben, wenn die Tänzer und die anderen Teilnehmer das Ziel des Tanzes wirklich von ganzem Herzen erreichen wollen, wenn sie sich an eine Gottheit wenden, und wenn das Ritual und der Tanz in ihm in sich schlüssig ist.

Anfang zwanzig habe ich durch eine Reihe von sehr merkwürdigen Zufällen einen Zauberlehrer gefunden, der mir allerlei Dinge gezeigt hat, von denen ich bis dahin noch überhaupt nichts geahnt hatte. Da er das Lebens-Motto „Hauptsache, es kracht und macht schwindelig" hatte, war vieles von dem, was er mir gezeigt hat, ziemlich abenteuerlich.

Er hatte sowieso schon jedes Wochenende eine neue Freundin, aber er hatte damit noch nicht genug und wollte deshalb Pan anrufen. Das war mir anfangs überhaupt nicht geheuer, aber ich habe trotzdem mitgemacht. In der ersten Zeit hat er vor der kleinen Pan-Statue in seinem Zimmer gestanden und den gehörnten, ziegenbeinigen Gott angerufen, der den Nymphen nachjagt. Ich habe ihn dabei unterstützt, indem ich auf einer Bambus-Querflöte dazu gespielt habe.

Im Laufe der Zeit habe ich dann angefangen, bei dem Flötenspiel zu tanzen und habe immer mehr spüren können, wer Pan eigentlich ist.

Einmal haben wird Pan nachts im Wald auf einer Lichtung gerufen. Mein Zauberlehrer hat ihn mit der üblichen Hymne angerufen und ich hatte entsprechend der Vorschrift, die mein Zauberlehrer ausfindig gemacht hatte, mehrmals mit einem aus Eibenholz hergestellten Hammer auf den Erdboden geschlagen und wollte nun anfangen, auf meiner Flöte zu spielen und dazu zu tanzen – doch da spielte plötzlich Pan selber im Wald drei, vier Töne. Ich habe nie wieder etwas derartiges gehört – mir standen die Haare zu Berge. In diesen wenigen Tönen war Pans Kraft zu spüren ...

Danach haben wir Pan wieder im Zimmer meines Zauberlehrers angerufen. Pan hatte ihm die erwünschten Geschenke gebracht – die Freundinnen wurden noch mehr. Womit ich überhaupt nicht gerechnet hatte, war, daß die Frauen sich auf einmal auch für mich zu interessieren begannen.

Pan hat da eine recht freche Methode – er läßt Frauen intensive erotische Träume von dem, der ihn anruft, träumen, sodaß sie diese Träume von dem betreffenden Mann dann unbedingt Wirklichkeit werden lassen wollen ...

Ein wichtiges Element aller spirituell-magischen Tänze ist die Konzentration. Sie sollte nicht erdacht oder vorgeschrieben sein, sondern aus einem inneren Bedürfnis heraus wachsen – nur dann kann sie wirklich eine wirksame Tiefe und Intensität erreichen.

„Konzentration" bedeutet „um die Mitte herum anordnen". Diese Mitte der Konzentration ist das eigene Ziel – in der Regel entweder etwas ganz Konkretes oder die eigene Seele oder eine Gottheit. Das, worauf man sich konzentriert, ist das, was man sich innerlich bildhaft vorstellt (Imagination). Das, worauf man sich konzentriert, ist der Same, aus dem heraus der Tanz wächst und fließt.

Konzentration setzt die vollkommene Bejahung dessen, worauf man sich konzentriert, voraus, und zudem auch noch eine Sehnsucht nach dem, worauf man sich konzentriert – sonst ist die Konzentration „aufgesetzt" und hat keine Wurzeln und ist nicht echt. Konzentration entsteht aus Selbstbejahung und Selbstliebe, die zu Entschlossenheit und daher zu einem kraftvollen Ausgerichtetsein und Streben führt – Konzentration ist keine mühsame „Bewußtseins-Disziplin", sondern entsteht aus dem natürlichen Strahlen der eigenen Seele.

Die Konzentration findet sich im Tanz als die Mitte eines Mandalas wieder, als

Bewegungen in die vier Richtungen von der Mitte aus, als das Drehen um sich selber. Konzentration ist auch die Mitte zwischen dem Himmelslicht und dem Erdfeuer, zwischen Großvater Himmel und Großmutter Erde …

VIII   Traumreisen zu den Göttern des Tanzes

Es gibt erstaunlich wenig tanzende Götter – es sind die Schamanen und die Priesterinnen, die in den Mythen tanzen. Und sogar die wenigen tanzenden Götter sind aus Schamanen und Priesterinnen entstanden. Trotzdem könnte es fruchtbar sein, Traumreisen zu den tanzenden Göttern und in die Kulte, in denen getanzt wurde, zu unternehmen.

Eine Traumreise ist sozusagen ein bewußt herbeigeführter Tagtraum zu einem selber ausgewählten Thema. Das klingt möglicherweise ein bißchen exotisch, aber das ist es nicht. Wenn man in der Eisenbahn sitzt und gedankenverloren aus dem Fenster schaut, kann es einem passieren, daß man plötzlich wieder „aufwacht" und in den letzten zehn Minuten noch einmal die Strandwanderung an der Nordsee aus dem letzten Urlaub erlebt hat oder daß man sich ein Treffen mit einem lieben Menschen ausgemalt hat. Dasselbe geschieht auch manchmal am Morgen, wenn man aus einem Traum heraus erwacht und der Traum noch für einige Sekunden in seiner Eigendynamik weiterläuft und man wie im Kino dem Film bewußt zuschaut.

Die Bilder, die man auf Traumreisen sieht, und die Dinge, die auf ihnen hört, sind keine „objektive Realität" wie das Buch, das Sie gerade in Ihren Händen halten, aber die Erfahrung hat gezeigt, daß diese Bilder oft sehr bereichernd sind und daß in ihnen manchmal auch bisher unbekannte Zusammenhänge erläutert werden und zudem ab und zu auch Informationen auftauchen, die nur „per Telepathie" beschafft werden sein können.

Letztlich ist bei einer Traumreise natürlich nur ein einziger Aspekt wirklich wichtig: „Bereichert die Traumreise mein eigenes Leben?"

VIII 1.   Traumreise zu Shiva

Shiva ist der indische Gott des Tanzes und der Meditation.

„Shiva, kannst Du mir etwas über den Tanz erzählen?"
„Ja."
... ...
... ...
... ...
„Warum schweigst Du jetzt?"
„Geh' in die Stille."
„Gut."

141

Ich höre auf zu denken und zu fühlen oder innerlich auf Bilder zu schauen – ich gehe in den Zustand, in dem sich das Bewußtsein seiner selber gewahr ist, aber nicht mit Inhalten angefüllt ist. In dem Zustand bleibe ich eine ganze Weile.

… … …

… … …

… … …

„Shiva, worum geht es hier?"
„Mach weiter."

… … …

… … …

… … …

In der Stille entsteht eine Art Feuer in mir, das mich erfüllt – das kannte ich noch nicht.
Shiva: „Das ist der Ring aus Feuer um meine Statuen."

… … …

… … …

… … …

Ich nehme innerlich, ohne das beabsichtigt zu haben, die Haltung des Shiva Naradja an – die Haltung des tanzenden Shiva – des Shiva, der von dem Flammenkreis umgeben ist.
Shiva: „Das ist das Feuer der Schöpfung."

… … …

Mein Sonnengeflecht wird heiß. Mein Stimme wird ganz tief.

… … …

… … …

… … …

„Bist Du Stille und Ekstase gleichzeitig?"
„Da ist letztendlich kein Unterschied."

… … …

„Ist das die Verbindung von Kundalini und Bindhu?"
„Ja. … Das ist bei den Mahasiddhis und im tibetischen Buddhismus der Kern."

…

„Ist das Meditation und Tanz bzw. Meditation und sexuelle Vereinigung?"
„Ja – Stille und Orgasmus … gleichzeitig."

… … …

… … …

… … …

Ich sehe Bilder, die Shiva mir zeigt.
„Du zeigst mir komische Dinge – der Grundrhythmus im Menschen sind die Bewegungen beim Sex?"

„Ja, so ist es.“

... ...

Zwischen den kurzen Gesprächen mit Shiva gehe ich immer wieder für eine Weile in die Stille. ... Und da ist das Feuer.

... ...

... ...

... ...

„Gibt es noch etwas, was Du mir zum Tanz zeigen möchtest, Shiva?“
„Nein. Nicht jetzt.“
„Wann?“
„Das wirst Du sehen.“
„Danke Shiva, vielen Dank!“
Ich kehre zurück.
„Ho!“

VIII 2.   Traumreise zu Ganesha

Ganesha ist der indische Elefantengott.

„Ganesha? ... Von Dir gibt es auch Statuen, die Dich tanzend darstellen.“

...

„Das sind die Shiva-Tänze und die Elefanten-Kreistänze – die Tänze, bei denen sich die Elefanten versammeln und sich hin- und herwiegen.“
„Das ist das beides? Ist das nicht etwas sehr Verschiedenes?“
„Nein, das Hin- und Herwiegen ist auch eine Form des Grundrhythmus.“

... ...

... ...

... ...

„Gibt es etwas, was Du mir zum Tanz sagen möchtest? Etwas, was mir hilft, das Tanzen zu verstehen?“

...

„Liebe ... dann verstehst Du auch das Tanzen.“

...

„Hm – ich glaube, ich verstehe Dich noch nicht ganz.“

...

„Wenn Du liebst, Dich selber liebst und andere liebst, vor allem Dich selber liebst – dann strahlt Dein Herzchakra. Wenn Dein Herzchakra strahlt ...“
Ich unterbreche Ganesha: „Oh – ich merke, mein Herzchakra beginnt gerade warm

zu werden ... also, dieses Liebe-erfüllte Glühen.“

„Wenn Dein Herzchakra strahlt, dann drückst Du aus, wer Du bist. Dann strahlst Du. Dann scheint das Licht Deiner Sonne von innen nach außen.“

... ...

„Das ist ein anderer Tanz-Ansatz als der Tanz von Shiva – sehe ich das richtig?“

„Der Ansatz ist anderes – der Tanz ist letztlich derselbe. ... Wenn Du die Kundalini weckst und das Bindhu rufst, dann wird Dein Herzchakra erwachen. Und wenn Dein Herzchakra erwacht, dann wirst Du lieben – Dich selber und andere und die Welt und das Leben. ... Und dann kannst Du tanzen, dann ist Dein Leben ein Tanz – eben der Ausdruck dessen, was Du bist.“

„Danke, Ganesha! ... Möchtest Du mir noch etwas sagen?“

... ...

„Hör' auf, Einsiedler zu sein – das ist nicht das Förderlichste und es ist nicht der Weg, die Fülle des Lebens zu leben.“

„Hm ... o.k. ...“

... ...

Tiefer Seufzer ...

„Hilfst Du mir dabei aufzuhören, Einsiedler zu sein?“

...

„Wenn Du es ernsthaft willst.“

... ...

„Ich will vor allem mir treu sein. Wenn sich das damit verbinden läßt ... dann gerne.“

„Gut.“

„Danke, Ganesha!“

„Bitte.“

Ich kehre zurück.

„Ho!“

VIII 3.   Traumreise zu Hathor und Bes

Hathor ist eine der ägyptischen Muttergöttinnen. Sie hat Kuhohren und manchmal auch die Gestalt einer Kuh und ist u.a. die Sonnenmutter und die Göttin der Musik.

Der Bes ist eine der beiden Formen des ägyptischen Schamanen – er ist klein, dick, bärtig, trägt ein Löwenfell und tanzt oft.

Die andere Form des Schamanen ist der Sem-Priester – er trägt ein Pantherfell und hüllt sich bei der Bestattung in ein Leichentuch und reist in das Jenseits und berichtet dabei, was er sieht (Traumreise).

Die Tempel des als halbgöttlich angesehenen Bes waren stets an die Hathor-Tempel angeschlossen.

„Hathor ... In Deinem Kult scheint getanzt worden zu sein – da gibt's den Pharao, der den Kelch zu Dir bringt und der dabei zu tanzen scheint, und es gibt die ganzen Menschen, die mit Deiner Rassel („Sistrum") rasseln oder in früherer Zeit mit Büscheln von trockenem Schilfgras („Sesh"). ... Gibt es etwas, was Du mir über das Tanzen erzählen kannst?"

„Die Jenseitsreise ist ein Tanz. Deshalb tanzt der Pharao in meinem Kult. Wenn Du weiter zurückgehst nach Çatal Höyük (Südtürkei, 7000 v.Chr.), da tanzen auch die Panthertänzer – das ist auch die Jenseitsreise. ... Und da ist auch die Große Göttin auf ihrem Sitz mit den beiden Panthern als Armlehnen – das ist dieselbe Göttin wie ich – nur ein paar Tausend Jahre vorher."

...

„Die Jenseitsreise ist ein Tanz ... Machen alle Panthertänzer eine Jenseitsreise?"

„Ja – die Panthertänzer, die Löwentänzer, die Jaguarpriester, die Berserker, die Bärenfellkrieger bei den Germanen ... das waren ursprünglich die tanzenden Schamanen."

...

„Hm ... Ekstasetanz ... Ist das dasselbe wie der Tanz des Shiva?"

„Ja."

„Wie geht dieser Tanz?"

„Das hat Shiva Dir gezeigt. Das hat Ganesha Dir gezeigt."

...

„Ja ... haben die Panthertänzer von Çatal Höyük das genauso gemacht? Und die Bes-Tänzer in Ägypten – das waren ja Löwentänzer oder Panthertänzer, das waren ja Schamanen wie der Sem-Priester. Aber der Sem-Priester geht in die Stille und meditiert, hüllt sich in ein Totentuch ... und der Bes tanzt. ... Was sind das für Tänze?"

„Rhythmisch ... einfacher Rhythmus ... Trommeln und Rasseln oder Bündel von trockenem Schilf ..."

...

„Was macht der Bes? Hat der Pharao das auch noch gemacht?"

„Nein, das ist beim Pharao zu einem Kult geworden, zu einem Ritual – das ist keine Jenseitsreise mehr, das zielt nicht mehr auf einen veränderten Bewußtseinszustand ab."

„Und der Bes? Was macht der?"

„Rufe den Bes und schau es Dir an."

Das tue ich.

...

„Danke, daß Du gekommen bist, Bes. ... Magst Du mir Deinen Tanz zeigen?"

...

„Was willst Du erreichen?"

„Ich möchte diesen Tanz verstehen. Ich möchte kennenlernen, wie dieser Ekstase-Tanz geht."

„Du kannst diesen Tanz nur mit einem Ziel tanzen."

...

„Was ist meistens Dein Ziel?"

„Hathor."

...

„Ja ... magst Du den Hathor-Tanz tanzen?"

„Ja."

Er beginnt und ich schaue ihm zu.

... ...

... ...

... ...

„Darf ich mit meinem Bewußtsein in Dich hineinkommen?"

„Ja."

Ich tue das.

...

Es war erst ein 4/4-Takt – zwei kleine Schritte rechts, zwei kleine Schritte links, zwei rechts, zwei links ... wie ich das von einem afrikanischen Tanz kenne.

„Bes ... kommt das jetzt einfach aus meiner Phantasie, aus meiner Erinnerung?"

„Schau einfach zu."

...

Jetzt ist es ein 2/2-Takt – rechts ein Schritt, links ein Schritt – also halb so schnelle Bewegungen wie vorher, dafür ein wenig größere Schritte ... Der Bes schlägt dabei eine kleine Rahmentrommel („Tambourin"), hat die Augen offen, macht Schritte auf einem kleinen Platz aus fester Erde von ca. 6m Durchmesser ... er ist innerlich auf Hathor ausgerichtet ... jeder Schritt geht innerlich in Richtung Hathor ...

... ...

... ...

... ...

Der Rhythmus wird schneller ...

... ...

... ...

... ...

Anfangs war es ungefähr ein Andante, jetzt ist es etwa ein Drittel schneller, ungefähr ein lebhaftes Allegro ... auch die Schritte sind entsprechend schneller ... Arme, Leib und Kopf machen eigentlich kaum Bewegungen ...

... ...

146

Oh! Das Bild wechselt ... der Bes (und ich in ihm) *sieht nicht mehr seine reale Umgebung, den Platz, auf dem er tanzt, sondern ist jetzt in einem Raum, in dem Hathor vor ihm sitzt ... ja ... auf einem Thron ...*

Das ist jetzt ein doppeltes Erleben – ich kann den Körper tanzen spüren und ich gehe auf Hathor zu ...

...

„Mein Sohn ...“

...

„Meine Mutter ...“

...

„Komm.“

...

Ich bin viel kleiner als sie – nur halb so groß wie ihr Schienbein ... Sie hebt mich hoch auf ihren Schoß ... ich bin jetzt auf einmal im Verhältnis zu ihr so groß wie ein Säugling und fühle mich auch in einem Teil von mir so ... sie hält mich im Arm wie ein kleines Kind ... mein Kopf liegt an ihrer rechten Brust ... ich trinke bei ihr ...

... ...

Das wärmt mich, erfüllt mich von innen her ...

Mir fällt zwischendurch ein, daß in den indischen Upanishaden das Rufen des weißen Lichtes von oben, also des Bindhu, das 'Melken der Himmelskuh' genannt wird ...

„Ist das weiße Bindhu-Licht eigentlich der Soma-Trank? Ist das die Milch der Muttergöttin?“

...

Hathor lächelt – ich glaube, das ist ein 'ja'.

...

„Denk nicht so viel.“

...

Ich fühle die Geborgenheit bei ihr ...

... ...

„Kann ich hierhin wiederkommen?

„Jederzeit.“

„Kann ich hier bleiben?“

„Ein Teil von Dir bleibt hier.“

...

„Ein Teil?“

...

„Du weißt, daß es diesen Ort gibt – und das weißt Du ja auch schon lange ... Du bleibst damit verbunden ... Du bleibst verbunden mit mir.“

...

„Ja ... manchmal gerät das in Vergessenheit ...“

„Und dann geht's Dir nicht besonders gut – nicht wahr?"
„Nein ... Danke, Hathor!"
„Bitte ... mein Sohn."
...

Ich lächle und sie lächelt auch. ... Das heißt, es ist eigentlich nicht lächeln, es ist wie ein Ausstrahlen von Geborgenheit.
Ich kehre zurück.
„Ho!"

VIII 4.   Traumreise zur Sonne

„Sonne ... gibt es etwas, was Du mir über das Tanzen sagen kannst? Es gibt die Sonnentänze, ich weiß ein bißchen was über die indianischen Sonnentänze ... über die afrikanischen weiß ich, daß es sie gibt, aber ich habe über sie nichts herausfinden können ... und ich hab' das Gefühl, daß es auch einen japanischen Sonnentanz gibt – einen Tanz der Sonnengöttin Amaterasu ... und auch Sonnentänze in Mittelamerika ..."

... ...
„Was willst Du wissen?"
„Stimmt es, daß der Sonnentanz ein Tanz der eigenen Seele ist, mit dem man die eigene Seele findet oder sie ruft?"
... ...
„Ja."
... ...
... ...
... ...
„Hm ... kannst Du mir etwas darüber erzählen?"
... ...
„Es ist ein Tanz im Kreis und es ist ein Tanz der Gemeinschaft."
„Rufen da alle ihre Seele?"
„Alle rufen die Sonne ... die Sonne draußen ... und die Sonne in sich im Herz-chakra."
...
„Wie machen die das? ... Mir scheint die indianische Variante mit diesem Selbst-opfer ... ja, recht speziell zu sein."
... ...
„Es gibt verschiedene Formen ... im Kreis tanzen, bei dem man sich im Kreis bewegt und zur Mitte bewegt ... abwechselnd ... das ist eine häufige Form ..."

148

„Das ist auch wieder wie bei diesen 'High Life'-Tänzen aus Afrika ... “

„Ja. “

...

„Was ist der Unterschied zwischen ihnen und dem Sonnentanz? “

...

„Der Sonnengesang – der Name der Sonne wird gesungen. “

... ...

Ich sehe schon wieder diesen Rhythmus – zwei kleine Schritte mit dem rechten Fuß, zwei kleine Schritte mit dem linken Fuß ...

„Ist das der Sonnentanz-Rhythmus? “

...

„Es ist ein guter Rhythmus – aber die Bewegung ist geerdet. “

... ...

„Kannst Du mir einen Sonnentanz zeigen? “

...

„Ja. “

...

Ich bin in Afrika ... auf einem Platz bei einem Dorf ... der liegt nicht in der Mitte, sondern, ja, so halb am Rand, noch halb im Dorf drin ...

... ...

Hm ... ich sehe Tänzer ...

... ...

Sie hocken auf dem Boden, also Schienbeine auf der Erde, Po auf den Fersen, Handflächen auf der Erde ... sie verbinden sich mit der Erde ... die Geste kenne ich nicht aus Afrika ... oder von afrikanischen Tänzen ...

... ...

... ...

... ...

Hm ... ich sehe die Sonne in der Mitte ... eine Gestalt aus goldenem Licht ... ich habe das Gefühl, da ist jemand, der diese Gestalt gerufen hat ... ein Priester ...

„Ist das einer der Trommler? “

...

Sonne: „Das kann sein, das muß aber nicht sein. “

...

Es ist keiner der Tänzer.

...

Es ist ein schneller 2/4-Takt, was da getrommelt wird ...

... ...

... ...

... ...

Die Tänzer erheben sich ... diesmal tanzen sie auch mit Körper und Armen – die schwingen ...

... ...

Der Tanz ist nun wieder ein 4/4-Takt: rechter Fuß vor, rechter Fuß zurück, linker vor, linker zurück ... das ist die Grundbewegung und die Arme schwingen ... in Bewegungen zur Erde und zur Mitte ...

...

Die Tänzer tanzen zur Mitte in diese goldene Gestalt, in die Sonnengestalt ...
„Ist das ein Sonnengott?"
„Ja, das ist der Sonnengott."

...

Oh, jetzt habe ich gespürt, wie sich das anfühlt, wenn man in dem ist oder ... ja, der ist nicht in mir, ich bin in ihm ... und dann fließt der Tanz aus dem Sonnengott heraus durch mich ...

... ...

„Was passiert da?"

... ...

Mein Herzchakra ist wie in einer Resonanz zu dem Sonnengott – mein Herzchakra fängt auch an zu leuchten und zu schwingen.

... ...

... ...

... ...

Da kommt diese Freude, die immer kommt, wenn man in Kontakt mit der eigenen Seele ist.

...

Jetzt wechselt das – ich bin in dem Sonnengott, aber der Tanz fließt aus meiner Seele, aus meinem Herzchakra.

...

Sonne: „Ja, der Sonnengott hilft Dir."

...

„Ist das das Grundmuster aller Sonnentänze?"
„Im Groben ja – Du rufst die Sonne und durch die Verbindung zur Sonne findest Du die Sonne in Dir, also Deine Seele in Deinem Herzchakra. Deshalb ist die Sonne auch das häufigste Symbol für die Seele."

... ...

„Danke, Sonne!"
„Bitte."
Ich kehre zurück.
„Ho!"

VIII 5.   Traumreise zu Freya

Freya ist die germanische Göttin der Wiedergeburt und der Liebe sowie die Sonnenmutter.

„Freya, gibt es etwas, was Du mir über den Tanz sagen kannst? Ich habe zwar nie irgendwo gelesen, daß Du getanzt hättest, aber ich habe das Gefühl, daß Du mir dazu etwas sagen kannst."

„Das kann ich."

„Was kannst Du mir zeigen, Freya? ... ... Haben die Germanen-Frauen eigentlich getanzt? Gab es Tanzfeste? Ich kenne nur eine einzige Schilderung in einer sehr späten Saga."

„Das ist jetzt nicht wichtig. ... Spüre."

... ...

Ich spüre ein Körpergefühl – das Körpergefühl von Freya ... das ist ein Schwingen, ein sich-Wiegen, das ist ein Fließen ... das ist eine Weichheit, das aber eine Stärke hat ... So ein auf den Augenblick-eingehen? ... Ne, das ist noch anders ... da ist so etwas wie eine Gewißheit von Geborgenheit ... und in der dann schwingen ... ja ... ... das ist Urvertrauen ...

„Ja ... wenn Du das Urvertrauen rufst, ist Dein Leben ein Tanz ... dann schwingt das Leben."

...

„Ist das Urvertrauen dasselbe wie die Milch der Hathor und das weiße Bindhu-Licht?"

„Ja – das ist es. ... Davon könntest Du ein bißchen mehr gebrauchen als Du hast."

„Ja ... das stimmt im Moment ... ja ..."

„Und – willst Du es haben?"

„Ehm ... ja ..."

...

„Dann komm' wieder in mich mit Deinem Bewußtsein."

... ...

Ich muß lächeln ...

... ...

... ...

... ...

Ein wohliger Seufzer ...

... ...

„Behalte das in Dir – dieses Gefühl ... und immer wenn Du merkst, daß Du es verloren hast, komm' einfach kurz zu mir ..."

„Das werde ich machen. Danke, Freya!"
„Bitteschön."
Ich kehre zurück.
„Ho!"

VIII 6.   Traumreise zu Pte-san-win

„Pte-san-win" bedeutet „Weiße Büffelfrau". Sie ist die Muttergöttin und die Kultur-bringerin der Dakota/Lakota-Indianer. In der Schwitzhütten-Zeremonie kommt sie von Süden und bringt das Geschenk der Gemeinschaft.

„Pte-san-win, Weiße Büffelfrau, ich weiß auch von Dir nichts über Tänze, aber Du hast den Lakota die Kultur gebracht und ich kenne Dich aus der Schwitzhütte und ich habe das Gefühl, daß Du mir etwas über den Tanz zeigen kannst."
… … …
„Ich bin die Gemeinschaft, die Gemeinschaftänze."
„Bist Du wie Hathor? Hathor ist auch eine Kuhgöttin. Und die Muttergöttinnen der Tiere werden ja immer 'weiß' genannt – 'Weißer Elefant', 'Weiße Wölfin', 'Weiße Büffelfrau' und so … Bist Du dieselbe Göttin wie Hathor?"
„Ja, das bin ich. … … … Den Bär im Norden kannst Du nach Tänzen der Eigen-ständigkeit fragen, den Adler im Osten nach Tänzen der Jenseitsreise zur Seele, die Schlange im Westen kannst Du nach Kundalini-Tänzen fragen, und mich nach Gemeinschaftstänzen."
„Hm … … … Gibt es etwas, was Du mir sagen magst?"
…
„Beherzige den Rat, den Freya Dir gegeben hat – und geh' zu ihr, wenn Du merkst, daß Du aus der Geborgenheit herausfällst."
„Ja, Pte-san-win … Danke!"
…
„Und tu das wirklich!"
„O.k. … Danke."
Ich kehre zurück.
„Ho!"

VIII 7.   Traumreise zu Quetzalcoatl

Der Name „Quetzalcoatl" der mittelamerikanische Schlangengottheit bedeutet „Feder-Schlange".

„Quetzalcoatl, Federschlange, auch bei Dir weiß ich nicht, warum ich Dich nach dem Tanz fragen will."

...

„Du hast ja schon mal einen Schlangentanz gemacht – unfreiwilllig ... den bei Markus und Britta, den Du ja schon (in diesem Buch) *beschrieben hast."*

...

„Warst Du das?"

„Das war die Schlange – und ich bin eine Gestalt der Schlange."

„Was kannst Du mir über den Tanz sagen?"

„Ich bin der Trancetanz, ich bin die Lebenskraft, die Kundalini, und ich kann Deine Bewegungen lenken."

„Lenken? ... Ich hatte bei dem Schlangentanz das Gefühl, daß da eine Kraft war und daß die mich bewegt hat ... eigentlich habe ich mich nicht selber bewegt, sondern da war eine Dynamik in mir, der ich mich geöffnet habe und die meine Bewegungen geleitet hat."

„So ist es. ... Und dieses sich-der-Lebenskraft-öffnen und in ihrem Rhythmus tanzen und sich bewegen – das ist das, was ich Dir zeigen kann ... den Tanz, die Bewegungen beim Sex, das Hin- und Herschwanken der Bären und Elefanten ... alle Arten von Rhythmus ..."

...

„Gibt es da etwas ... ja ... was ich grundlegend noch übersehen habe oder was Du mir noch sagen willst oder wovon Du gerne hättest, daß es in meinem Buch über den Tanz steht?"

... ...

„Ich bin die Federschlange ... ich bin die Schlange, das Erdfeuer ... ich bin der Vogel, das Himmelslicht ... das ist dasselbe wie der Phönix bei den Ägyptern, der Bennu-Vogel ... Erdfeuer und Himmelsvogel ... und das ist auch dasselbe wie die geflügelte Sonne – die ist auch das Feuer und der Vogel, ein wenig anderes, aber sehr ähnlich, und die Flügelsonne hat auch die Uräusschlange links und rechts und das ist die aufgestiegene Kundalini ... und das ist auch der Feuervogel der Slawen ... und ich bin der feuerspeiende Drache, die Schlange und das Feuer ... und der geflügelte Drache, Schlange und Vogel ... und ich bin der fliegende Drache der Chinesen ...

Du siehst, es ist überall dasselbe: Kundalini und Bindhu, Schlange und Vogel, Feuer und Licht. Und in der Mitte das Herz, die Seele, die Sonne – der goldene Drache ...

Das ist das, worauf Du achten mußt.“

...

„Hm ... ja ... Danke, Quetzalcoatl!“
Er neigt kurz seinen Kopf.
„Danke.“
Ich kehre zurück.
„Ho!“

VIII 8.   Traumreise zu den Apsaras und zu den Dakinis

Die Apsaras („Wolken-Wesen“) und die Dakinis („Himmels-Tänzerinnen“) sind in der indisch-tibetischen Mythologie weibliche Wesen, die oft die Yogis inspirieren. Sie gehen auf die Wiedergeburts-Muttergöttin zurück.

„Ihr Apsaras und ihr Dakinis, in euren Mythen und in den Geschichten über euch seid ihr Tänzerinnen, Himmelstänzerinnen – mögt ihr mir noch etwas über den Tanz sagen?“

...

„Das wichtigste ist, daß Du tanzt, daß Du nicht nur darüber nachdenkst, sondern daß Du wirklich wieder mehr tanzt. Du hast mal sehr viel getanzt – das hat ein bißchen nachgelassen, nicht wahr?“
„Hm ... ja ... und ihr meint ...“
„Es würde Dir guttun, es wieder mehr zu tun.“
„O.k. ... wahrscheinlich habt ihr recht, ja ... Gibt es noch etwas, was ihr möchtet, was in dem Buch steht?“
„Nein – geh' tanzen.“
„Danke.“
Ich kehre zurück.
„Ho!“

VIII 9. Traumreise zu dem König der Nagas

Der König der Nagas, also der Schlangenkönig ist eine der älteren, unbekannteren Gestalten aus der indischen Mythologie.

„König der Nagas, ich bin noch nie bei Dir gewesen ... Schlangenkönig, ich hatte daß Gefühl, ich sollte Dich nach dem Tanz fragen.“

„Da hast Du recht.

Stehe zu Dir und fürchte nicht Deine Stärke. Übertreib' sie auch nicht. Sei stark. Sei Feuer und sei Bewegung.

Tanze. Tanze alles, was Du tust. Tue nichts mit Härte und tue nichts zerfließend. Tue es mit Rhythmus. Und tue es mit Herz.

Tu nur die Dinge, die Du wirklich tun willst. Und tue sie auf die Art, wie Du sie tun willst. Sonst ist Dein Leben kein Tanz. Und wenn es kein Tanz ist, schwingt es nicht. Und wenn es nicht schwingt, ist es nicht in Verbindung mit dem Rest der Welt. Und alles, was Du tust und was nicht in Verbindung mit dem Rest der Welt ist und mit ihr schwingt, ist mühsam und ist Arbeit. Und dafür ist das Leben nicht gedacht.“

... ...

„Hm ... gibt es noch mehr davon?“

...

„Liebe Dich. Wenn Du Dich nicht liebst, kannst Du nicht schwingen, weil Du nicht 'ja' sagst zu allem, was Du bist. Nur wenn Du zu allem 'ja' sagst, was Du bist – wie verrückt es auch sein mag, wie sehr es aus dem Rahmen fällt, wie stur Du auch bist oder was auch immer da ist – wenn Du 'ja' dazu sagst, hast Du Kontakt, und was Kontakt hat, kann auch miteinander schwingen.

Die Liebe zu Dir selber heilt Dich. Die Liebe ist die Quelle des Tanzes.“

...

„Gibt es noch mehr?“

...

„Singe. Singen ist wie Tanzen. Auch Singen ist Schwingen. Tanzen ist umfassender, weil Du den ganzen Körper bewegst. Aber Singen kann Dir helfen, ins Tanzen zu kommen. Und wenn das Singen Dir schwerfällt, dann fang an mit Trommeln. Trommle, dann trommle und singe, und dann tanze.

Und tu das mit allen Dingen.

Schau Dir das an, was Du tust. Schau, ob Du es wirklich tun willst. Und wenn ja, dann tu's – und wenn nicht, dann laß es sein! Oder ändere es so, daß Du es gerne tust.

Und laß Dich auf nichts ein, was Dir Fesseln anlegt. Schau, was Du tun willst. Nimm keine Befehle an. Nimm nicht die Meinung von anderen an. Laß Dich nicht von anderen lenken. Aber sei bereit, den Reichtum des Lebens anzunehmen – und Anregungen von anderen. Und bleib bei allem bei Deinem Herzen, denn Dein Herz kann unterscheiden, ob Dir das gut tut, was da kommt, oder nicht.

Und wenn Du das tust, dann wird alles miteinander schwingen, weil alles von einem 'ja' von Dir zu diesen Dingen getragen wird. Dann ist Dein Herz in dem, was Du tust. Dann ist Dein Herz das Licht Deines Lebens. Dann ist Dein Leben ein Tanz."

... ...

„Puh! ... Danke, König der Nagas!"
„Bitte."
Ich kehre zurück.
„Ho!"

VIII 10.   Traumreise zu Kuan-Yin

Der Name „Kuan-Yin" bedeutet „die die Töne der Welt wahrnimmt". Sie ist eine chinesisch-buddhistische Muttergöttin.

„Kuan Yin?"
„Ja?"
Ich sehe sie vor mir.
„Ich hatte das Gefühl, daß es, wenn ich etwas über den Tanz schreibe, gut wäre, Dich danach zu fragen ..."
„Du meinst, ich weiß etwas über den Tanz?"
„Ich weiß es nicht – ich habe Dich noch auf keiner Abbildung tanzen sehen ... ich habe auch noch kein Lied, Gedicht oder ähnliches gelesen, in dem gesagt wird, daß Du tanzt."
...
„Komm her zu mir. ... stell Dich mit dem Rücken zu mir."
Ich tue das.
...
Ich merke, daß sie ein Stück größer ist. ... Wenn sie ihre Oberarme hängen läßt und ihre Unterarme anwinkelt, kann sie ihre Hände bequem auf meine Schultern legen – so wie jetzt.
Ich stehe wie ein Kind vor seiner Mutter.
...
Ich muß leise vor mich hin lachen ...
Ich spüre die Geborgenheit, die ich von Freya kenne und von Hathor und von Isis

156

und von Großmutter Erde und von der Weißen Büffelfrau ... ja ...

Ich: „Und ich spüre die Stille in Dir ...“

...

„Ja? ... Ich bin eine chinesische Göttin, aber auch eine buddhistische Göttin – da ist es kein Wunder, daß ich diese Stille kenne, die man in der Meditation finden kann.“

„Die Stille ist dasselbe wie die Mutter?“

„Die Stille ist dasselbe wie die Mutter. Und wie die Milch und wie die Geborgenheit, wie das Licht und wie Gott. ... So ist es.“

...

Ein tiefer Seufzer ...

„Das tut gut, Kuan Yin! ... Danke!“

Sie lächelt.

Ich kehre zurück.

„Ho!“

IX   Ein neuer Tanz?

Wann der erste Menschen einen Tanz getanzt hat, läßt sich nicht sagen. Vermutlich ist es auch gar kein Mensch gewesen, der als erster getanzt hat, denn man kann auch bei einigen Tieren Versammlungen beobachten, bei denen sie sich rhythmisch bewegen – am bekanntesten ist dies von Bären und Elefanten.

Wenn man sein Krafttier gefunden hat und ausreichend neugierig ist, wird man früher oder später in einer Traumreise oder in einem Traum zu der Versammlung dieser Art von Krafttieren finden – wenn man eine Wölfin als Krafttier hat, ist dies eine Versammlung von Wölfen. Sie stehen dabei in einem Kreis und laufen hin und her oder wiegen sich hin und her o.ä. Schließlich tritt dann die „Muttergöttin der Wölfe" in die Mitte des Kreises. Sie ist deutlich größer als die anderen Wölfe und wie aus einem milchigweißem und leicht durchscheinendem Licht – die „Weiße Wölfin" aus den sibirischen Mythen.

Der Tanz der Wölfe ruft die Wolfsmutter herbei … In derselben Weise ruft der Tanz der Büffel die Weiße Büffelfrau herbei, die von den Lakotas „Pte-san-win" genannt wird. Die Hirsche rufen die „Weiße Hindin" herbei und selbst die geflügelten Einhörner, denen man manchmal als Krafttier begegnen kann, rufen bei ihren Versammlungen die „geflügelte Weiße Einhorn-Mutter" herbei.

Die Menschen haben die Große Mutter vermutlich nicht erst seit ca. 600.000 Jahren in den Schwitzhütten-Zeremonien herbeigerufen, sondern auch schon vorher mit schlichten Tänzen, die ein einfaches Hin- und Herschwingen wie bei den „Tier-Versammlungen" gewesen sein werden.

Nach und nach werden sich dann Jagd-Tänze, Fruchtbarkeitstänze und Ahnentänze zu den Mutter-Tänzen hinzugesellt haben.

In der Jungsteinzeit wurden aus diesen einfachen Tänzen, bei denen man sich mit dem, was man ersehnte, durch zum Teil rhythmische und zum Teil nachahmende Bewegungen verband, die rituellen Tänze, die sich auf eine Mythe bezogen haben.

Im Königtum wurden komplexe Tänze mit festem Ablauf erschaffen, die zumindestens teilweise von „Profi-Tänzern" ausgeführt wurden. Diese Tänze mit einer fester Choreographie waren zunächst noch religiöse Tänze, aber sie verloren nach und nach ihre spirituell-magische Seite.

In der Altsteinzeit fanden die Tänze im Hier und Jetzt statt, in der Jungsteinzeit in einem ewigen Zyklus, und im Königtum in einer auf den König zentrierten Allmachts-Ewigkeit.

In der Altsteinzeit werden die Tänze vor allem aus den drei unteren Chakren heraus getanzt worden sein, also aus den konkreten Bedürfnissen der Menschen heraus – aber auch die drei oberen Chakren werden diese Tänze mitgeprägt haben, da der Einzelne nicht ohne die Gemeinschaft überleben konnte. Dasselbe gilt auch für die rituellen Tänze der Jungsteinzeit, auch wenn diese die drei oberen Chakren und die durch sie gestaltete Ordnung der Welt deutlich mehr betont haben. Im Königtum verschob sich das Gleichgewicht zwischen Kopf und Bauch immer mehr in Richtung Kopf, also zu einer bewußten und gewollten Gestaltung und Lenkung des Tanzes.

In Europa begann sich das Königtum ab der französischen Revolution aufzulösen, aber erst 100 Jahren später, also um ca. 1890 fand sich dieser Impuls auch in der Malerei, in der Musik und im Tanz wieder: Die festen Regeln in der Kunst, die im Königtum aus einem Konzept heraus erschaffen worden waren, wurden infrage gestellt – es bestand ein großes Bedürfnis nach einer Wieder-Integrierung der drei unteren Chakren.

Das Tanzen der drei unteren Chakren fand man im afrikanischen Tanz wieder, der sich sowohl in Nord- und Südamerika als auch in Europa mit dem dortigen Volkstanz und mit den Bühnentänzen verband und so verschiedene Formen vom Swing über das moderne Ballett bis hin zum Samba entstehen ließ – die Tänzer erhielten zu ihrem Kopf, der in den letzten Jahrhunderten in Europa und im „weißen Amerika" alle Tänze gelenkt hatte, wieder ihren Bauch dazu.

Diese Integration von Kopf und Bauch (nicht nur) im Tanz dauert bis heute an und hat eine große Vielfalt an Tänzen vom Walzer über den Rock'n Roll bis hin zum Pogo entstehen lassen.

Innerhalb dieser Entwicklung des Tanzes in der Epoche des Materialismus gibt es auch eine zunehmende Betonung der Improvisation, also der persönlichen Freiheit des Einzelnen im Tanz.

Seit ca. 1980 zeigt sich ein vermehrtes Interesse an exotischen und alten Tänzen – es besteht das Bedürfnis nach einem Kennenlernen der vorhandenen Vielfalt an Tänzen und ihrer Integration. Diese Entwicklung entspricht der generellen Globalisierung in der Epoche, die ungefähr um 1970 begonnen hat und zu der u.a. auch die Ökologie und das große Interesse an verschiedenen Formen der Spiritualität gehört.

So wie in der Ökologie und in der Spiritualität und auch in der Politik nach einem Gesamtkonzept gesucht wird, in dem die Vielfalt der Individuen gedeihen kann und durch die das biologische und kulturelle Artensterben verhindert werden kann, so gibt es auch im Tanz eine Suche nach einer Form, die den Einzelnen in das Vertrauen in das Ganze stellt und in der der Einzelne die Verantwortung für das Ganze trägt.

Die Epoche der Globalisierung erfordert offenbar keinen neuen Tanz, sondern die Erhaltung der Vielfalt der Tänze – aber zugleich einen neuen Blick auf sie. Sowohl die Ausschließlichkeit des „Kopf-Tanzes" wie in den arrangierten großen Bällen an den Königshöfen als auch die Ausschließlichkeit des „Bauch-Tanzes" wie z.B. beim Pogo verhindern ein Gedeihen von Vielfalt in einem großen Ganzen. Beide Extremformen können in dem „neuen Tanz" einen Platz finden, aber sie sind nicht die Mitte dieses „neuen Tanzes".

Diese Mitte entsteht aus der Verbindung der eigenständigen Individualität und dem

Einfügen und die Gemeinschaft – der Einzelne sieht sowohl sich selber als auch die Gemeinschaft.

Diese Mitte liegt zwischen dem Feuer des Bauches und dem Licht des Kopfes – im Strahlen des Herzens.

Diese Mitte liegt zwischen dem Schreiten, das von den drei oberen Chakren gelenkt wird, und dem Schwingen, das aus den drei unteren Chakren heraus entsteht – in der strömenden Liebe des Herzchakras.

Diese Mitte ist eine Freiheit der Wahl zwischen der Vielfalt der Tänze – wie kann ich das, was in mir strahlt, jetzt am besten ausdrücken?

Diese Mitte ist das Herz, dessen liebevolles und kraftvolles Strahlen die Psyche nach und nach heilt und durchlässig macht, sodaß das, was im eigenen Herzen lebt, im Tanz Gestalt annehmen kann.

Diese Mitte liegt zwischen dem weißen Bindhu, das in der Meditation von oben her in den Menschen strömt und ihn sich als Teil des Ganzen erleben läßt, und der Kundalini, die von unten her im Menschen aufsteigt und ihn seine eigene Lebendigkeit und seine Durst nach Erlebnissen spüren läßt – in der eigenständigen Gestaltung des Lebens und des Tanzes durch das Herz.

Diese Mitte ist das Herz, dessen Identität zu einem konkreten Willen wird, der die Lebenskraft durch lebendige innere Bilder und durch den Tanz leitet, sodaß in dem eigenen Leben das entsteht, worin sich die Seele im Herzen am sehnlichsten spiegeln und selber erleben will.

Diese Mitte ist die Treue zu sich selber, zu der eigenen Wahrheit, und sie ist zugleich das „sich der Welt öffnen" und eine Freude auf das, was das Leben bringen wird – das ist das Herz des Tanzes und der Tanz des Herzens.

Lightning Source UK Ltd.
Milton Keynes UK
UKHW030641200820
368545UK00012B/1566